JN059336

ロバート・ガーランド【著】
Robert Garland
田口未和【訳】

古代ギリシアの日常生活

How to Survive in Ancient Greece
An Expat's Guide to Living in Classical Athens

生活文化から食生活、医療、仕事、軍事治安まで

原　書　房

古代ギリシアの日常生活

生活文化から食生活、医療、仕事、軍事治安まで

リチャードとダニエルへ、愛を込めて

目次

謝辞

歴史をいやでも身近に感じさせる多くの方法に私を導いてくれた、頼もしく信頼できる友人たちに心からの感謝を伝えたい。トニー・アヴェニ、ピーター・バラキアン、スタン・ブルベイカー、ポール・カートリッジ、スーザン・ダイヤー、パット・イースターリング、キコ・ガルベス、マイク・ゴールドマーク、エマ・グリーンスミス、グラハム・ホッジス、サー・ファーガス・ミラー、ジョン・マイカルソン、アリス・ナキモフスキーとサーシャ・ナキモフスキー、ジョン・ノートン、アラン・スウェンセン、デーヴィッド・ホワイトヘッド、ロバート・ウィルソン、そして、サー・ミック・ジャガーにいつもながらの感謝を捧げる。

はじめに

本書は伝統的な意味での歴史書ではない。読者のみなさんには、突然、時間と場所を過去にさかのぼり、思いもよらない風景を目にしたところを想像してもらいたい。そこで生き残るには、何を知る必要があるだろう？　ぼんやりとでもなじみがあるように見えるものは何だろう？　まったく違って見えるものは何だろう？　どんな人たちと出会うだろう？　その人たちはあなたとどう接してくれるだろう？　あなたのほうは彼らとどう接するだろう？　どんな仕事があるだろう？　どんな楽しみが見つかるだろう？　もし病気になったらどうしたらよいのだろう？　その土地にどうしたら溶け込めるのだろう？　あなたはそこに溶け込めるだろうか？　もちろん、この旅に何を期待し、どんな想像をめぐらすかを決めるのはあなた自身だ。最良の形の歴史記述というものは、いつも過去の世界を想像させる。本書では、古代ギリシア世界の生活をよみがえらせるうえで、読者のみなさんに積極的な役割を果たしてもらいたい。そのために、みなさんをその世界のただなかに送り込もうと考えている。

あなたがこれから訪れようとしている世界は、紀元前5世紀後半のアテナイだ。私がこの時代を選んだのは、人類が最大の達成をした時代のひとつであり、史料も豊富に残っているからである。正確な年は紀元前420年。敵対するアテナイとスパルタは休戦状態にあり、ぎこちない和平を楽しんでいる。あなたが到着するころには、アテナイの人的資源は恐るべき疫病のあとで、ようやく力を取り戻しつつあるところで、東地中海を支配する海洋帝国を築き、それ以前の、そしてそれ以降のどの社会よりも一般市民の判断に信頼をおく民主的な社会に成長している。ソフォクレスとエウリピデスは2400年後の観客の心をかき乱す悲劇を書き、医学が進歩し、ソクラテスは人々に検証されない意見すべてを排除する必要を説き、大勢の人を苛立（いらだ）たせている。そして、古代ギリシア最大のパルテノン神殿がアクロポリスの丘の上にある。つまり、これは人間の卓越性が頂点に達した時代だった。しかし、あなたはこの土地に長くはとどまりたいと思わないかもしれない。というのも、アテナイはこの5年後に下す決断により、衰退への道を歩み始め、最終的にはスパルタとその同盟国に完全な敗北を喫するからだ。

これは伝統的な歴史書ではないので、私はこの本の目的のために、ひとつかふたつ、時代設定に変更を加えた。たとえば、アリストテレスが生まれたのはこれより1世代あとのことだが、時々ご登場いただき、この時代の目撃者になってもらった。あなたはきっと彼の意見を聞きたいと思うだろうし、彼の言葉は、とりわけ女性に関することでは、当時の社会で広く信じられていた考えを代表しているからだ。

性別や年齢にかかわらず、あなたがアテナイに到着したときに何が起こりうるかについては、できるだけ多くの情報を提供しようと心がけた。しかし、もしあなたが女性なら、きっと男性よりも古代ギリシア社会に順応するのに苦労するだろう。

時間をさかのぼって旅をするには、体だけでなく心の面でも大きな順応が求められる。そのため、心身両面での準備を整えてもらうために最善をつくした。さまざまな土地の、さまざまな階層のギリシア人とのインタビューを含めたのもそのためだ。これが、あなたが古代ギリシア人の立場から世界を見るのを助け、何を予期すべきかについてさらなる準備をするのに役立ってほしいと思っている。

年表

すべての年号は、断り書きがないかぎり紀元前。

1200年頃
トロイア戦争勃発？

594～593年
「民主主義の父」とも呼ばれるソロンが、アテナイで憲法、経済、社会の改革を実施する。

508～507年
同じく「民主主義の父」と呼ばれることもあるクレイステネスが、統治改革を実施し、アテナイはさらに民主政への道を進む。

490年
マラトンの戦いでアテナイの歩兵部隊がペルシアに勝利する。これが古典期の始まりとされる。

483年
アテナイ人がアッティカに豊かな銀の鉱脈を発見、政治的指導者のテミストクレスのすすめにより、銀の収益で巨大な艦隊を建設する。

480年
クセルクセス1世支配下のペルシアがギリシアに侵攻。ギリシア北部のテルモピュライの戦いで、スパルタ兵約300人がヘイロタイと呼ばれる奴隷の部隊とともに戦死する。最大数の船を提供したアテナイの働きにより、ギリシア艦隊はアッティカ沖のサラミスの海戦でペルシア軍を破る。

479年
ペルシア軍はギリシア中央部のプラタイアイの戦いでギリシア連合軍に敗れたのち、侵略をあきらめる。

478年
ギリシアの諸都市国家はアテナイの指導下で対ペルシアのデロス同盟を結成。のちのアテナイ帝国の基礎が築かれる。

464年
スパルタでの地震が、奴隷階級ヘイロタイの反乱を誘発する。

461年
ほぼ平和的な政治改革により、アテナイが急進的民主政に向かう。

458年
アイスキュロスの三部作『オレステイア』が、大ディオニュシア祭で1位を獲得。

447年
ペリクレスの提案で、アテナイはペルシア軍により焼け落ちたアクロポリスの神殿の再建を決議する。

431年
アテナイとスパルタがそれぞれの同盟国とともに戦ったペロポネソス戦争が勃発。スパルタ王のアルキダモスが毎年、アッティカへの侵略を試みる。

430〜429年
アテナイを疫病が襲い、地方の住民が市の城壁のなかに避難する。

425年
ペロポネソス半島南部のスファクテリア島で、アテナイ軍が290人のスパルタ人を捕らえる。それにより、スパルタ人はアッティカへの毎年の侵略を放棄する。

421年
アテナイとスパルタが和平を結ぶ。

415年
アテナイがシケリア（シチリア）征服のための遠征隊を派遣。

413年
シケリア遠征隊はシュラクサイ人の反撃により全滅し、生き残ったアテナイ兵は捕虜となる。すぐにスパルタがアテナイへの敵対行為を再開する。

404年
アテナイがスパルタに降伏。ペロポネソス戦争が終結する。

404～403年
スパルタが支援する30人僭主（せんしゅ）がアテナイを支配する。

403年
30人僭主が追放され、アテナイの民主政が回復。

399年
回復した民主政により、ソクラテスが死罪となる。

385年頃
プラトンがアテナイ郊外のアカデモスの林に哲学学校を開設。

338年
マケドニアのフィリッポス2世がアテナイ率いるギリシア同盟軍を、ギリシア中央部のカイロネイアでの戦いで破り、ギリシア本土の支配権を確立。

336年
フィリッポス2世の暗殺により、息子のアレクサンドロス大王に王位が引き継がれる。

334年
アレクサンドロスが現在のトルコへ進軍し、ペルシア帝国を攻撃する。

331年
アレクサンドロスがエジプトにアレクサンドリアを建設。

323年
アレクサンドロスがバビロニアで死亡したことにより、帝国が3つに分裂する。これが古典期の終わりとされる。

322年
アテナイがマケドニアの支配下に入る。

出発前に知っておくべきこと

あなたはこれから、在留外国人として古典期のアテナイで生活しようとしている。「古典期」とは紀元前490年から323年までを意味し、アテナイがダレイオス1世率いるペルシアの侵略軍と戦って勝利したマラトンの戦いから、マケドニアのアレクサンドロス大王が死亡するまでの時期にあたる。古典期の終わりまでにアテナイの民主政は著しく後退し、古代ギリシアの自由は実質的に消滅してしまう。

古典期アテナイのどこが特別なのか

古典期のギリシアについて私たちが手にしている証拠の大部分は、アテナ女神にちなんで名づけられた都市アテナイから得られたものだ。それは、アテナイ人の教養レベルが高く、芸術表現のあらゆる分野で卓越した成果をあげたことによる。そのおかげで私たちは、当時のアテナイ人の暮らしぶりをかなり詳しく想像できる。

それに対して、たとえばスパルタ人がどのような暮らしをしていたかについては、はるかに情報が少ない。考古学的な手掛かりはほとんど残っておらず、スパルタでの日常生活が詳しく書かれた文献もまったくない。スパルタ人についての私たちの知識の大部分は、スパルタ人以外が書き残した文書のなかに見つかったものだ。なかでも真っ先に挙がるのは、伝記作家で道徳哲学者のプルタルコスの著作だろう。プルタルコスはスパルタの衰退から数百年後のローマ時代の人物だ。アテナイ以外の都市国家（ポリス）、たとえばコリントス、テーバイ、シュラクサイ、ミュティレネ、ミレトスなど、合わせて1000ほどあったポリスの日常生活

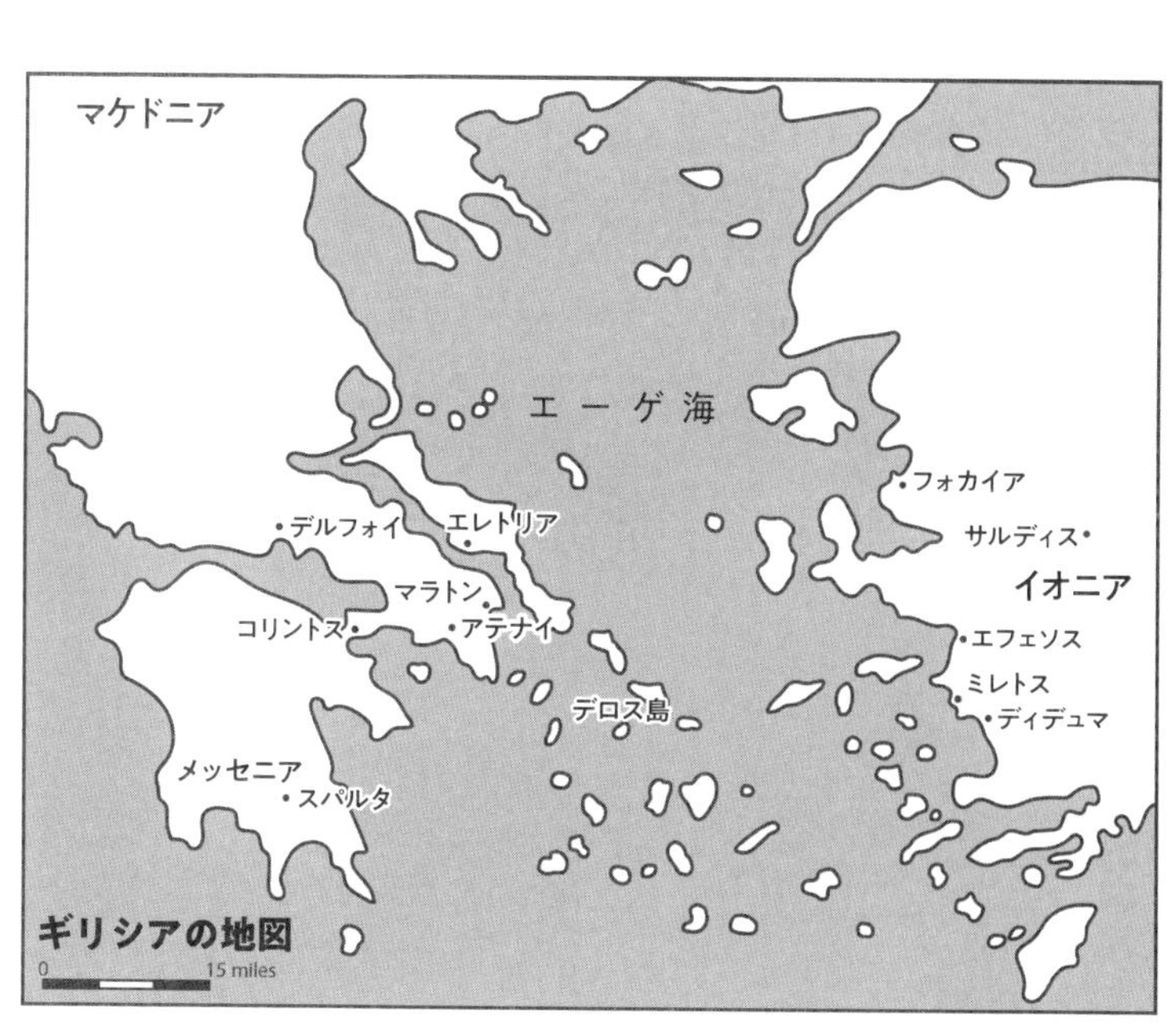

については、これらのポリスが非常に重要な役割を果たしたにもかかわらず、私たちはほとんど何も知らない。

ポリスは領土と中心都市からなる。そこでは自治が行なわれ、ほぼ自給自足経済だ。ギリシア本土にも人々が一定の土地に集落を形成している場所は多くあるが、中心となる都市が存在しない。これらの人々については、どのように統治していたのかも、日常生活についてもまったくの謎だ。彼らはその存在を示す目に見える痕跡をまったく残していない。

アテナイを取り囲む地域はアッティカと呼ばれ、細長い人参のような形をしている。面積は2500平方キロメートルほどで、イギリスならダー

アッティカの地図

ビーシャー州、アメリカなら一番小さいロードアイランド州とほぼ同じ大きさだ［日本なら神奈川県くらい］。都市部は私たちがその言葉で想像する大都市というよりも、中規模の地方都市といったところで、市街地でも家畜をよく見かける。古代世界ではどこでもそれが普通の風景だ。家々を結ぶ道は狭く曲がりくねっている。ほとんどの道路は土を踏み固めただけのもので、夏はほこりっぽく、冬はぬかるみができる。

アッティカの総人口は15万人ほどで、その半分がアテナイに暮らし、もう半分は田園地帯に住んでいる。人口のおよそ半分は奴隷で、彼らは生涯その身分で暮らす。その点は、古代ローマの奴隷制とは大きく異なる。ローマの奴隷たちは一般に、数年間おとなしく献身的に働けば、自由を与えられる。

古典期のアテナイはどの面から見ても傑出した都市といえる。歴史上のどの町よりも人口に占める天才の割合が高い。文学、芸術、歴史、建築、哲学、多くの科学分野、たとえば天文学や医学における西洋文明への貢献は他の追随を許さない。アテナイの繁栄は紀元前430年代の半ばから終わりにかけて頂点に達する。ペルシア軍に焼き払われたアクロポリスに新しい神殿が次々と建設された時期だ。しかし、431年にその繁栄を崩壊させるペロポネソス戦争が勃発し、アテナイはその15年後に一時的に復興するものの、その直後に悲惨な結果をもたらすシケリア（現シチリア）への軍事遠征が始まる。

アテナイの歴史について知っておくべきこと

あなたがこれから出会うアテナイ人とうまく会話を交わせるように、絶対に知っておくべき紀元前5世紀の大きな出来事がふたつある。ひとつはギリシア・ペルシア戦争で、ペルシア人はこの戦争に勝利し、地上からアテナイを消し去ろうとしていた。彼らはこの都市に強い恨みをもっていた。なぜなら、ペルシア帝国に対して反乱を企てたイオニア（現在のトルコ西部）のギリシア人を軍事的に援助したからだ。しかし、ペルシア軍は規模では自分たちより劣るアテナイ軍に敗れた。マラトンの戦いは、第二次世界大戦中のブリテンの戦いのようだった。この戦いの記憶はアテナイ人の心に刻まれ、それは今も変わらない。

10年後、ペルシア人はクセルクセス王率いる巨大な軍隊とともに戻ってきた。今回は、ギリシア全体の征服を目指していた。彼らはアテナイまで攻め込み、この都市を焼き払ったものの、海戦では敗れ、その後、陸上戦でも敗れた。海戦の前に、アテナイは民間人をサラミス島に避難させていた。アッティカの海岸からほんの1キロ半ほどの距離にある島だ。海戦は海峡で繰り広げられたため、避難民は最前列でこの戦いを目にした。きっと胸がしめつけられるような時間だっただろう。ペルシア軍が勝利していれば、サラミスに上陸し、男たちを皆殺しにし、女性と子どもを奴隷にしていたはずだ。この敗者の扱いは古代世界ではめずらしいことではなかった。確かに野蛮なやり方には違いないが、決してペルシア人だけが「野蛮人」だったわけではない。

当然ながら、アテナイ人は自分たちの町を破壊したペルシア人を憎んでいるが、ペルシア人だからという理由で憎んでいるとは思わないでほしい。ギリシア人は一般に非ギリシア人を見下し、自分たちの文化が最も優れていると思っているが、彼らが現代で言うところの肌の色の違いに基づいた人種差別意識をもっていたという明らかな証拠はない。あなたはペルシア人と親しくしているアテナイ人にも出会うかもしれない。

ペルシア軍がギリシア本土から撤退したあと、アテナイはデロス同盟の盟主となった。これは、ギリシアの約150のポリスが結成した海上軍事同盟で、本部をキクラデス諸島の中心に

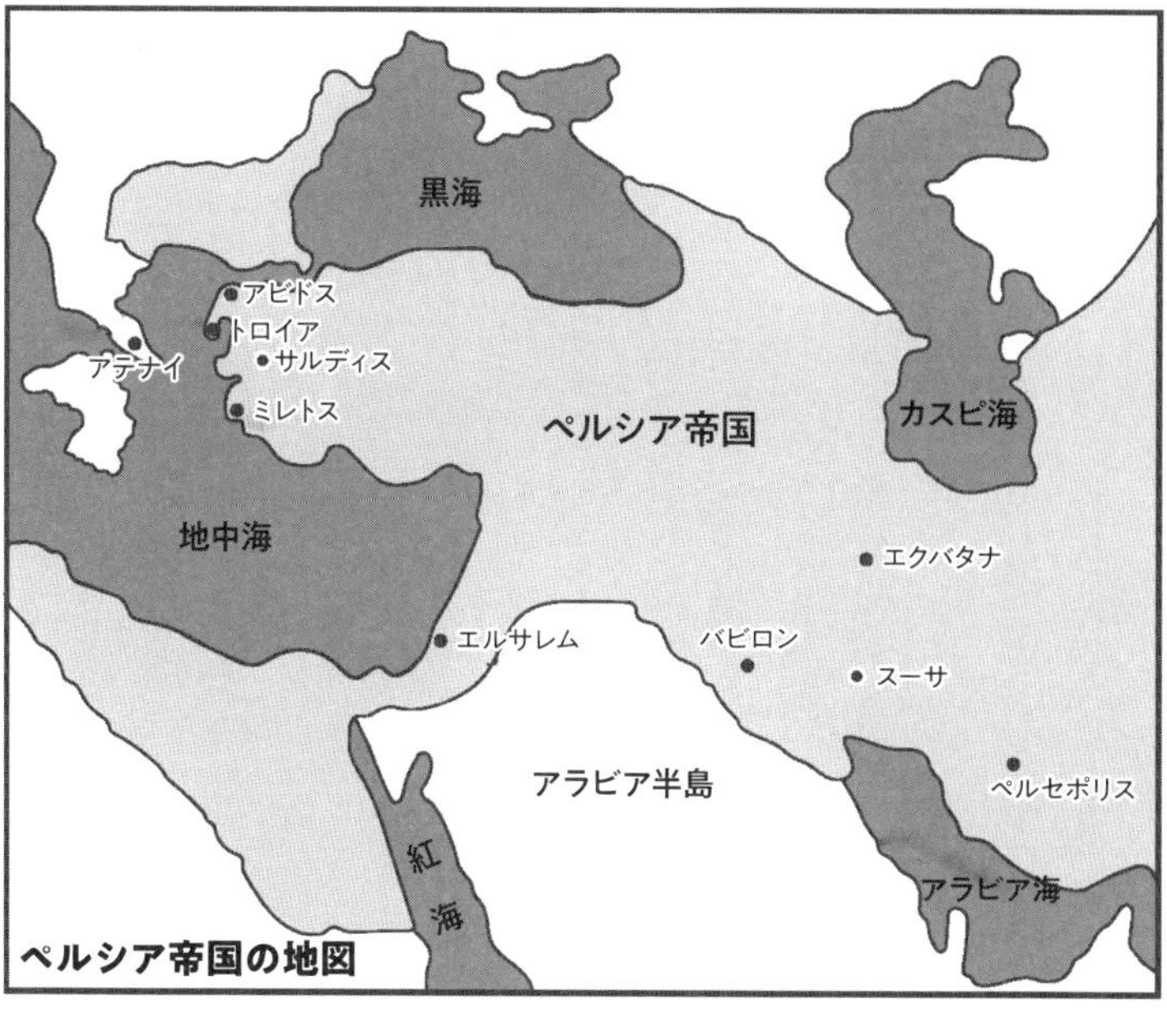

ペルシア帝国の地図

位置するデロス島においたため、この名称になった。「キクラデス」は、「円形をなす島々」を意味し、実際にデロス島を中心に環状に島が連なっている。紀元前5世紀の半ばまでには、離脱を試みたいくつかのポリスに制裁が下され、同盟はアテナイによる帝国支配の道具になっていた。加盟はもはや各ポリスの選択ではなくなった。脱退は禁じられ、いわゆる同盟国の大部分は、毎年一定の貢納金を求められ、一部の特権的なポリスは代わりに軍船を提供した。

もうひとつの本当に大きな出来事はペロポネソス戦争で、アテナイとスパルタがそれぞれの同盟国を従えて戦った。この戦争は紀元前431年に始まり、404年に終結する。途中の421年から413年までは休戦状態だった。この戦争について書いたアテナイの歴史家トゥキディデスは、休戦期間中に起こるアテナイのシケリア遠征ほど、敗者にとって悲惨な結果をもたらした戦争は歴史上なかったと記した。紀元前415年に大きな期待を抱いて出発したアテナイ海軍の遠征軍は、2年後に完全な敗北を喫する。「参加した多くの兵士のうち、無事に戻った者はごくわずかだった」。トゥキディデスは素っ気なくそう報告している。ギリシア人特有の控えめな表現だ。あなたが古代ギリシアへの旅を始める前に、トゥキディデスの歴史書を読んでおくときっと役に立つ。彼は政治科学の父とされる。

シケリアでの敗北直後に、アテナイは都市国家としての存亡をかけたスパルタとの戦いを再開する。町はあらゆる予想に反して10年近く持ちこたえたが、最終的には兵糧攻めにより降伏を余儀なくされる。町を取り囲む城壁は破壊され、船は12隻を残して没収された。栄光の日々は終わりを迎えるものの、全面的な破壊は免れる。

ペロポネソス戦争はのちに、古代ギリシア史の転換点だったことが証明される。アテナイは敗北後にすばやく再興し、新しい同盟の盟主になりさえするが、もう以前ほどの力をもつことはない。これには皮肉な側面もある。アテナイの民主制度は、ペロポネソス戦争で戦略的な誤りを犯した指導者たちの処分において、おおいに効果を発揮するのだ。

スパルタ人はアテナイ人とは正反対と言ってもいい。アテナイ人は革新的で外向的、進取の気性に富み、国際的なのに対し、スパルタ人は内向的で保守的、冒険心に欠け、外国人を信用しない。ふたつの社会は、フランスの人類学者クロード・レヴィ＝ストロースが述べた「熱い社会」と「冷たい社会」をまさに代表する。アテナイが沸点のあたりだとしたら、スパルタは氷のように冷たい。スパルタの保守主義は現代の蜃気楼ではない。変化を拒み、時代に適応できないために、この都市国家は紀元前4世紀になると徐々に衰退する。アテナイのほうは、そのリスクをいとわない冒険心により、もっと急激に凋落する。両ポリスが互いから学ぼうとしなかったのは残念としか言いようがない。人間というものは、敵から学ぼうとする謙虚さをなかなかもてないのだ。

アテナイはどんな社会なのか

アテナイは城壁に囲まれた都市で、その城壁に多くの門を設けている。この壁は、紀元前

480年にペルシアの侵略軍が撤退したあとに、政治家で軍人のテミストクレスの強いすすめにより建設された。その建材には、アテナイ人が町から退避したあとにペルシア人が破壊した神殿や彫像、墓碑などの瓦礫(がれき)を再利用している。アテナイはいわゆる「長壁」にも守られている。およそ200メートル離れて並行する二重の壁が、港湾都市のピレウスまで続く。ピレウスはアッティカではアテナイに次いで大きな町だ。あなたがアテナイに到着するころには、ピレウスは古代世界では最大の交易港で、アテナイの大艦隊の拠点でもある。3つある入り江のうち最大のものは、その形から「ゴブレット」と呼ばれ、輸出入品も扱っている。

ギリシア人、とくにアテナイ人は公共建

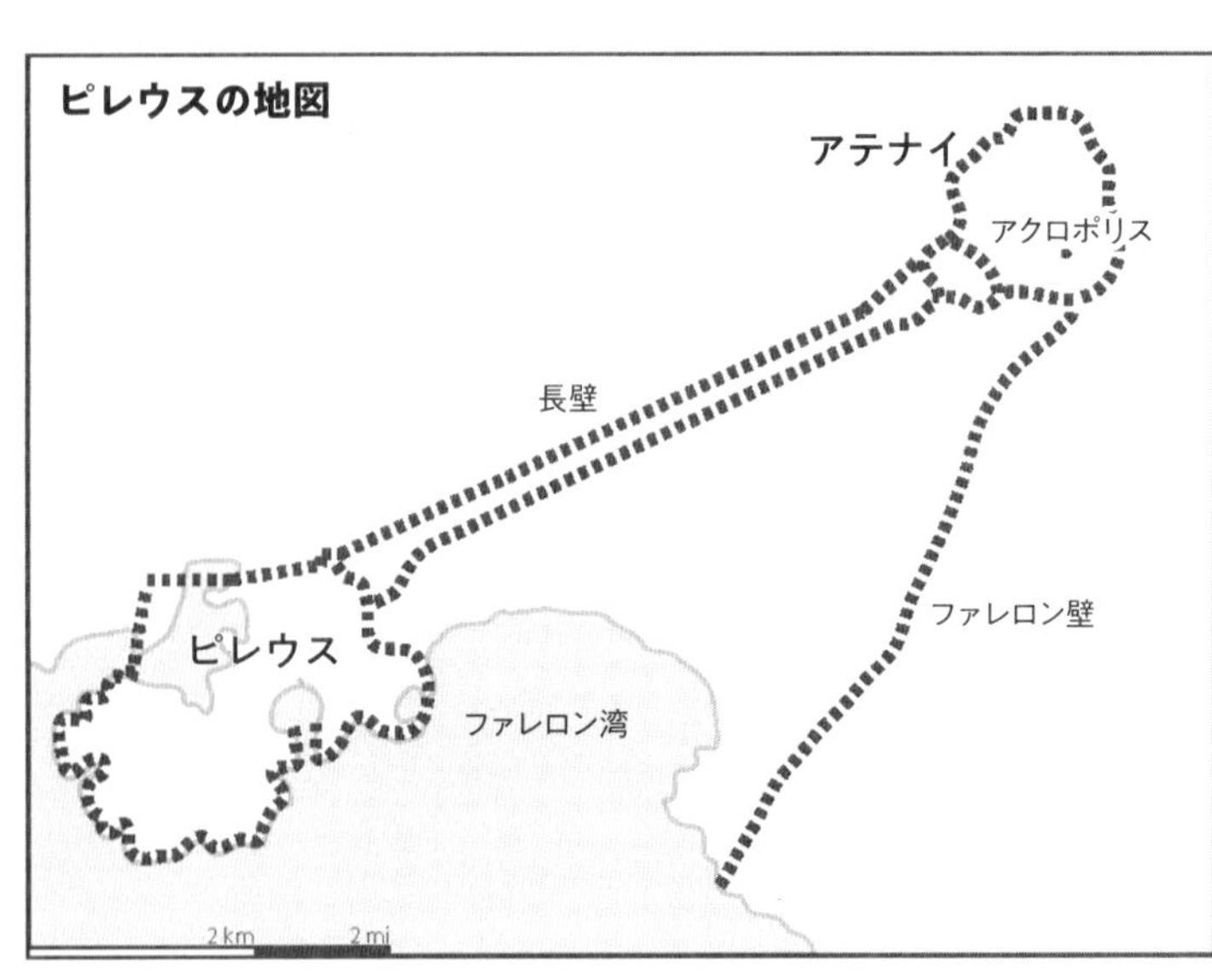

造物に大きな誇りをもっている。この点は町を特徴づける壮大な神殿、なかでもアクロポリスの丘の上に立つ神殿に表れている。「アクロポリス」の名は文字どおりには「町の高い場所」を意味する。堂々たる岩山の頂上に人工的に平らにしたほぼ長方形の土地があり、現在もギリシアの首都の空を背景に町の景観を支配している。

アクロポリスの神殿群のなかでも、ひときわ目を引くのが、「乙女の神殿」を意味するパルテノン神殿だ。この「乙女」はアテナイの守護神アテナのことである。パルテノンは、ギリシア語圏の文化的リーダーであり帝国支配の力をもつアテナイの特異な地位を象徴する。神殿のなかにまつられている、まばゆいばかりの巨大な女神像は、高さ12メートルの木彫りの像を金と銀で

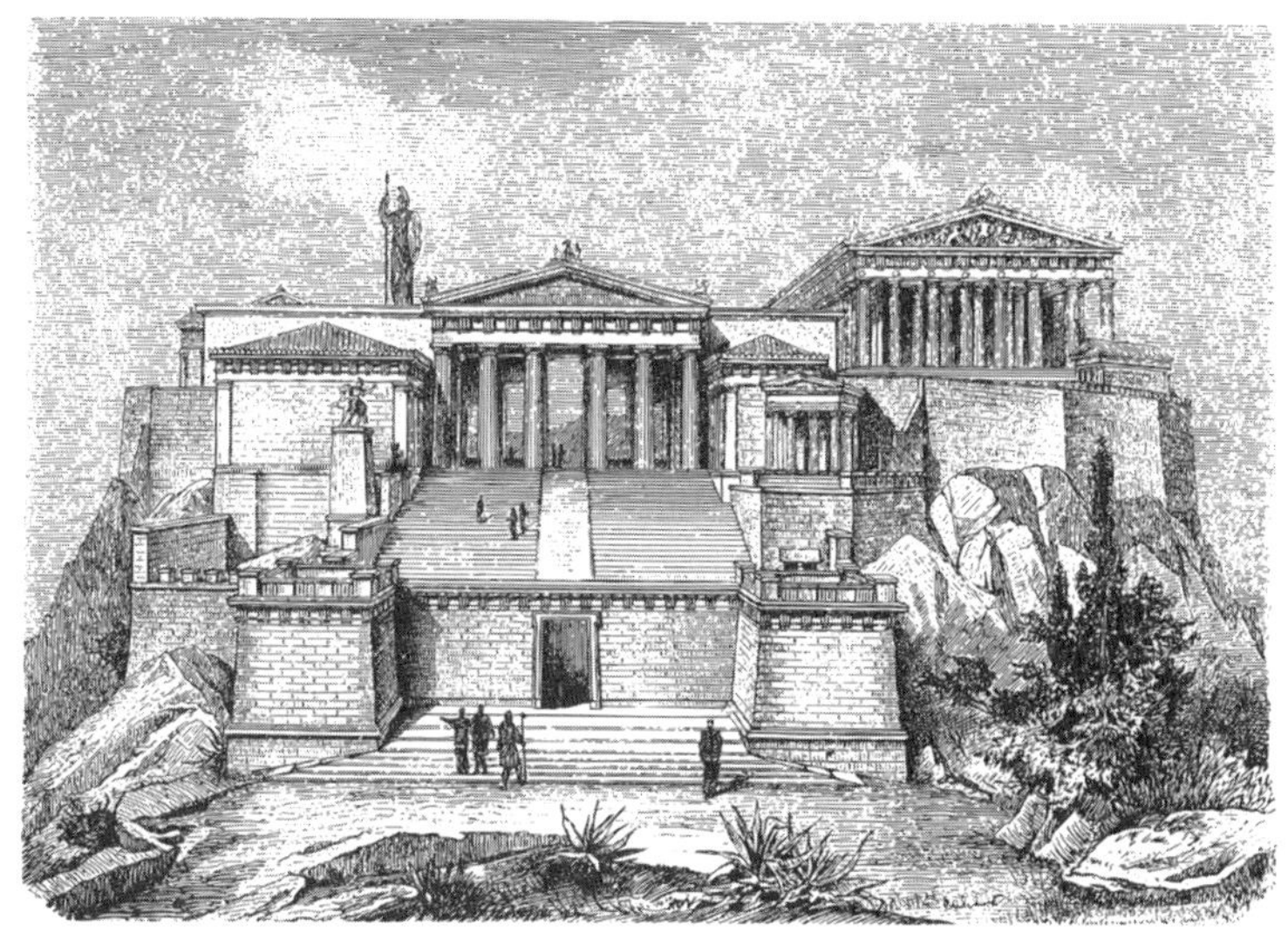

アクロポリス

覆っている。アクロポリスにはほかにも、神域への前門であるプロピュライアなど壮大な建築物がある。

この堂々たる公共建造物とは非常に対照的だが、個人の富を象徴するものはほとんどない。古代ギリシアのどの社会もそうであるように、アテナイにも非常に裕福な人々は存在する。しかし、これら富裕層でさえ、今日の基準に照らせば、かなり質素な生活をしていた。そのため、この町を訪れる人たちは、立派で贅沢な公共の建物と比べ、個人の住まいがみすぼらしいことに驚かされるはずだ。この落差を説明するのは、市民としての誇りだろう。それは、現代人が理解するものとは異なり、まねすることもむずかしいものだ。たとえば、紀元前483年にアッティカ南部のラウレイオンに銀の豊かな鉱脈が見つかり、多大な利益をもたらす。現代であれば、その利益を寛大に分配したり、減税したりするところだが、アテナイ人は艦隊の建設費用に使う。のちに「同盟国」から入るようにな

パルテノン神殿

る貢納金の余剰分は、ペルシア人が破壊したアクロポリスの神殿の再建に使われる。

アテナイ社会の日常

ポリスの中心には、アゴラと呼ばれる公共の広場がある。市政、司法、商業の中核となる場所だ。アテナイのアゴラはアクロポリスの北側に位置する。男性がアゴラに入るには18歳以上でなければならず、商人をのぞき、女性が入ることは奨励されない。どのアゴラでも、最もよく目にする建物は「ストア」と呼ばれ、前面に列柱廊のある構造で、夏には日差しを、冬には風や雨、ときおりの雪を避けることができる。男たちが商取引をするのはこの建物だ。そのため、両替商もストアのなかにテーブルを設置する。古代も現代もギリシア語で「銀行」を意味する語は、「テーブル」の意味ももつ「トラペザ」である。

アゴラには法廷もある。裁判はいくつかある指定されたエリアで開かれる。陪審員は人数が多く、601人という大集団のこともあった。賄賂を防止するのがその目的だ。アテナイ人は訴訟好きで、法廷は年に約200日も開廷している。国費でまかなわれる祭りを祝っているとき以外は、ほぼ毎日といえる。

アゴラの西側には台座つきの実物大の銅像の列がある。始祖とされる10人の英雄の像で、彼らの名がアテナイ市民をグループ分けする10の部族名となった。台座には掲示板が添えられ、そこに公的事業に関するすべての通知が張り出される。そのすぐそばに「トロス」という円形の建物がある。10部族それぞれの代表50人ずつで構成される５００人評議会のうち、当番の１部族50人がそこに集まり審議する。その間の食事代は公費でまかなわれる。これら50人のうち17人は夜もトロス内で過ごす。週7日24時間態勢で緊急事態に備えるためだ。民会で話し合う議題を準備するのは評議会の役割で、評議会はすべての民会に先立ち、すべての問題を先議し、どれを議題として推薦するかを決めておく。

アテナイのアゴラには、ほかにも多くの公共の建物があり、たくさんの神殿や宗教施設もある。アゴラ西側の丘の上にはヘファイストスの神殿がある。金属工たちが自分たちの神の庇護（ひご）のもとで仕事に精を出している地区だ。アゴラはアテナイの商業の中心地であり、エーゲ海全域から商人が集まってくる。早朝から商人たちが屋台を出し、売り物となる農産物や加工品を並べる。

そして、アゴラは社交や井戸端会議、うわさ話に花が咲く場所でもある。「アゴラゼイン」という動詞には多くの意味があるが、そのひとつは「アゴラでぶらぶらする」の意味に近い。同じ趣味をもつ者、郷里や出自が同じ者、あるいは同じ町からやってきた外国人が、それぞれお気に入りの場所に集まっておしゃべりをしている。これより１５０年ほどあとの時代には、ストア派などの哲学者たちも、善の本質などの命題についてこの場所に集まって討論することになる（「ストア派」という名称は、彼らが日常的に集まった彩色列柱館（ストア）に由来する）。

都市の運営

アテナイの市民団は、3万人から5万人の自由民男性で構成される。市民として認められるには、両親とも自由民のアテナイ人でなければならない。彼らは「民衆」を意味する「デモス」と呼ばれる。アテナイは急進的な直接民主政を採用しているので、市民が絶対的権力をもっている。政府も反対勢力もなく、政党も存在せず、首相や大統領もいないし、選挙もない。都市国家に関係する重要な決定はすべて、民会に参加する市民の投票で決められる。言い換えれば、すべての投票は住民投票だ。すべての市民が法の前では平等であり、犯罪で告発されれば、仲間の陪審員団に裁かれる。

すべての市民が兵役に就かなければならない。古代ギリシアの戦争では騎兵隊はあまり重要な役割を果たさない。土地の起伏が激しいためだ。甲冑（かっちゅう）一式（兜、すね当て、胸当て、剣と槍）を買う余裕のある者たちは、重装歩兵（ホプリテス）として戦う。ホプリテスという言葉はギリシア語の「ホプロン」に由来する。重装歩兵が持ち運ぶ最も特徴的な武具である大きな丸い盾を表す言葉だ。甲冑を準備できない者たちは、軍船の漕手（そうしゅ）となる。すべての市民は輪番制で兵役に就く。軍隊もまた部族別に組織され、この10部族によるグループ分けは、すべての統治目的で使われる。アテナイにとっての苛立ちのもとであるスパルタでは対照的に、市民は常時兵役に就いている。

すでに述べたように、アテナイは非常に開放的な都市国家で、訪問者としても住民としても外国人を歓迎する。アテナイの領域内に住む「メトイコイ」と呼ばれる在留外国人は、おそらく2万人もの数になっている。これはギリシア語圏では非常にめずらしい。ほとんどのメトイコイはピレウスに暮らし、交易に従事している。大多数はギリシアの他のポリスの市民だが、フェニキア人やエジプト人などの非ギリシア人もいくらかはいる。彼らの能力はアテナイの文化の活性化に大きく貢献し、彼ら個人も商売人として成功を収めてきた。メトイコイの重要性とアテナイ社会への受け入れを示す証拠として、彼らはアテナイ最大の祭りであるパンアテナイア祭への参加が認められている。戦時には陸軍や海軍に参加するが、もし本人がそう望むなら、アテナイを離れて故郷に戻る自由も認められている。

宗教の役割

古代ギリシア人は多神教信者だ。「神々と人間の父」と呼ばれる最高神ゼウスは、稲妻を操り、最も強大な力をもつが、決して全知全能というわけではない。というのも、対立が絶えない機能不全の神族を構成するオリュンポスの他の神々も、かなりの力をもっているからだ。オリュンポスという名称は、

ワシを腕に乗せて玉座に座るゼウス。アレクサンドロス大王の名で鋳造された硬貨。

彼らがギリシア北部のピンドス山脈にあるオリュンポス山に暮らしていることによる。古代世界では、登山はスポーツではないため、オリュンポス山にわざわざ登って、その頂上に神々などいないことを発見するギリシア人はいなかった。

ギリシア語圏全体で崇拝される神々の大半は、オリュンポスの神々が別の姿をとったもので、すでにホメロスに知られていた。オリュンポスの主要な神々には、誓約と歓待の神ゼウス、結婚の女神ヘラ、海神ポセイドン、冥界(めいかい)の神ハデス、女性の芸術と戦争の女神アテナ、軍神アレス、神々の使者で商業の神でもあるヘルメス、穀物と収穫の女神デメテル、酒と演劇の神ディオニュソス、愛と美の女神アフロディテ、狩りと野生動物の守護女神アルテミス、音楽と癒(いや)しと予言の神アポロン、足が不自由で鍛冶の守護神であるヘファイストスがいる。これらの神々それぞれに支配する領域がほかにもあるが、ここに挙げたものが彼らの主たる役割である。

さらに、彼らには崇拝される土地やどの神格が与えられるかに応じて第2の名前がある。アテナイの

兜をかぶるアテナ女神

アクロポリスだけでも、４タイプの別々のアテナ女神が崇拝されている。アテナ・パルテノス（処女神）、アテナ・ポリアス（都市の守護神）、アテナ・プロマコス（最前線で戦う者）、アテナ・ヒュギエイア（健康の神）である。しかし、アテナイ人がアテナ女神の庇護を独占しているわけではない。たとえば、スパルタ人は彼らの主要神の１柱として、他のオリュンポスの神々すべてのバリエーションとともに、アテナ・ポリオウコス（都市の守護神）を信奉している。そのため、ギリシア人が戦争を始めると、どちらの側も、名前は違うものの実際には同じ神々に祈っていることがよくある。

祭祀（さいし）は屋外の祭壇の周囲で行なわれる。神殿は単に礼拝用の彫像と神々への供物が捧げられる場所にすぎない。パルテノン神殿は装飾された宝石箱にたとえられてきた。その主たる役割はアテナ女神を喜ばせ、女神が町を訪れているときの「住まい」を提供することだ。

神々は擬人化されている。つまり、彼らは姿形も精神構造も人間に似ている。犠牲として捧げるために焼かれた動物のにおいに神々が喜びを感じるのも、そうした理由からだ。神々は人間が運動や乗馬や音楽の大会で優れた能力を発揮するのを見て楽しみもする。そのため、神々を祝福する祭りにこれらの行事が組み込まれることが多い。

神官は職業ではなく、信者を精神的に支えたり助言を与えたりもしない。ここでひとつ注意しておくが、古代ギリシアにセラピストは存在しない。神官のおもな役割は、自分が管轄する聖域の管理と、そのなかで行なわれる儀式の監督である。彼らには道徳的な行動であれ何であれ、手本を示すことは期待されない。その大きな理由は、ギリシアの宗教は倫理を説くものではないからだ。よい行ないではなく、神々と死者を敬うことが最も重視される。ギリシア人は自分や家族への加護を祈るのと同じくらい頻繁に、敵に害を与えてほしいと祈りもする。

男性神官は男神に仕え、女性神官は女神に仕える。一部の神官職は男女別ではあるもののすべての市民に開かれている。また、特定の氏族が代々継承する職、さらには必要な額を支払いさえすれば、誰でもその特権を得られる職もある。ほとんどの神官は任期が1年だけだが、生涯その職にとどまる神官もいる。アテナイで最も重視されるのは、アテナ・ポリアスに仕える神官だ。彼女に仕える女性神官はアテナイの最も尊敬される氏族集団のひとつであるエテオブータダイから任命される。しかし、その女性神官は政治的影響力をもたない。女性は民会に参加できないからだ。私たちが知るかぎり、神官が政治的ロビー活動をしたり利益集団を構成したりすることはない。逆に反目し合う関係である可能性が大きい。神官たちは国からの資金を得るために競い合わなければならないからだ。エテオブータダイはアテナイで2番目に重要な神、ポセイドン・エレクテウスに仕える神官も輩出している。エレクテウスはアテナイの初期の王の名前で、この特定の神格に関連する場合にのみ、ポセイドンに添えられた。

しかし、オリュンポスの神々への崇拝は古代ギリシアの宗教の一側面にすぎない。もうひとつの重要なグループは、クトニオスと呼ばれる地下の神々で、その名前は「土」を意味する「クオン」に由来する。この神々が冥界に住んでいるためだ。オリュンポスの神々と比べ、この地下の神々についてはよくわかっていない。彼らのために建てられた神殿はなく、彼らの名前で祝福される祭りもない。オリュンポスの神々ほどの威力はないが、それでも強大な力をもっている。

クトニオスの力を知る最適な情報源は、アイスキュロスの三部作『オレステイア』の最後を飾る『エウメニデス（慈（いつく）しみの女神たち）』だろう。このタイトルは、エリニュスと呼ばれる地下の復讐の女神たちを婉曲的（わんきょくてき）に表現している。オレステスが父親の仇（かたき）をうつために母親を殺すとすぐに、エリニュスたちが彼を容赦なく追い詰める。アイスキュロスはこの女神たちを蛇の髪の毛を振り乱し、毒の息を吐く、不快で卑劣な女たちとして描く。しかし、物語の結末では、彼女たちはタイトルである「慈しみの女神たち」に変わり、人々に尊敬される地位を得て、アクロポリスの北斜面に神殿も建てられる。

古代ギリシアの宗教の第3の重要な側面は、英雄崇拝だ。ここでの「英雄」という言葉は英語のhero（ヒーロー）の意味合いとは大きく異なる。古代ギリシアの「英雄」とは、よくも悪くも、たぐいまれな生涯を送る人物を

ネメアの獅子の毛皮を身に着けたアレクサンドロス大王。大王の名で鋳造された硬貨。

意味する。最も称賛される英雄はヘラクレス、ローマ名ではヘルクレスで、12の難業を成し遂げたことで知られ、そのひとつはネメアの獅子を退治したことだ。アレクサンドロス大王は、自分がヘラクレスの子孫であることを示すため、貨幣にライオンの毛皮を身に着けた自分の姿を刻ませた。もうひとりの有名な英雄がオイディプスで、彼は意図せずして自分の父親を殺し、自分の母と結婚する。彼の生涯は、誤った親子関係の認識と偶然という恐ろしい力の悲惨な結果をまざまざと見せつける。英雄たちは彼らの墓の周辺で強力なパワーを発揮するとされ、彼らの埋葬地があるポリスは、危機に陥ったときに彼らを呼び出して助けを乞うことができる。英雄たちをよみがえらせ、その支援を得るには、墓に血の犠牲を捧げる。血が彼らの活力を回復するのである。

私がここまで神々について詳しく語ってきたのは、あなたも古代アテナイに行けば、頻繁に神々と向き合わなければならないからだ。あなたはおそらく船で現地に向かうだろう。なによりギリシアは海洋国家だからだ。あなたを必要以上に不安にさせるつもりはないのだが、船に乗り込む前には必ずポセイドンに捧げ物をすること。ホメロスの『オデュッセイア』はつねに、深い海の危険を強調している。エーゲ海の天候は予測不能で、突然、嵐になることも多い。オデュッセウスに対するポセイドンの執念深い憎しみは、恐ろしい現実に基づいている。物語上では、その憎しみはオデュッセウスがポセイドンの息子、一眼巨人のポリュフェモスの目をつぶしたからとされるが、古代ギリシアの船乗りなら誰でも、この海神は恐るべき存在だと知っている。

古代ギリシアで「家族」は何を意味するか

どんなものでも、それを表現する言葉をもっているとされるギリシア人だが、「家族」に相当する言葉はない。最も近い語を挙げるなら、「オイコス（oikos）」か「オイキア（oikia）」だろうが、これらは「家」「世帯」と訳すほうがより正確だ。どちらの語も同じ屋根の下に住む人々の集まりと、彼らが所有する財産、つまり家屋や納屋、それらが建つ土地、そして奴隷を含め、その世帯がもつすべての資産を意味する。言い換えれば、「オイコス」は人でもあり財産でもある。

夫は妻より10歳以上は年上なのが普通で、多くの女性は思春期かそのすぐあとくらいに結婚する。その時期に結婚すれば、子どもを育てる能力を最大化できると信じられているのだ。現実には、この習慣は反対の結果をもたらしている。生物学的には、思春期のすぐあとでは多くの女性がまだ出産の準備が整っておらず、結果として生涯ひきずるダメージを負う。頻繁に妊娠することも、女性たちを衰弱させる。そのため、女性の寿命は男性より10年ほど短かったと推測される。

富裕層の女性たちは、つき添いなしでの外出を許されていない。家族の誰かが一緒でない場合には、家内奴隷が同行しなければならない。頭からつま先まで覆う服を着て、ヘッドスカーフをかぶり、ときにはベールを顔の前に垂らす。低い身分の女性たちはもう少し自由を楽しめる。彼女たちの多くは、地域の共同井戸まで水をくみに行くなど、日常の家事をこなすために家を離れる必要があるからだ。

結婚して自分のオイコスを維持することは、すべての男性の義務となる。夫と妻にとって結婚が何を意味するかについては、のちの章で語る。あなたはすべてのギリシア人男性は同性愛者だと考えているかもしれないが、そのよくある誤解についてはここで正しておきたい。古代ギリシア人が同性愛を容認しているだけでなく、一定の背景ではそれを積極的に奨励していると思われる多くの証拠が文学や絵画のなかに見つかるものの、私たちの社会とは違って、彼らはそれを一過性の現象とみなしている。要するに、人生の特定の時期に限定される性向ということだ。言い換えれば、その人物の生涯にわたる性的志向を決定づけるものではない。結果として、私たちが「ゲイ」と呼ぶものになることは嫌悪される。その大きな理由は、ギリシア人は後継者となる男子をもうけることによって、それぞれの家系を維持し存続させることを非常に重視するからである。

このテーマについてさらに言えば、アルカイック期（古典期より前の時代）の美術には、ゼウスが美少年のガニュメデス（ガニメデ）を連れ去る姿がよく描かれ、少年愛が文化的に受け入れられていたように思えるが、あなたがアテナイを訪問する時代には間違いなくもう許容されない。古典期のアテナイでは、年少者との性行為は重大な犯罪とみなされ、場合によっては死罪になることすらある。

病気になったり体が思うように動かなくなったりしたら、自分の家族に世話をしてもらわなければならない。家族以外に頼りにできる制度や手段はほとんどない。身体障害を証明できる者には多少の手当が与えられるが、年金制度は存在しない。親が戦死して孤児になった子は公費で育てられるが、ほかの多くの子どもは物乞いをして生きていくか、売られて奴隷になるしかない。男性の大多数と女性の多くは、体が動かなくなるまで働き続ける。年をとってから世話をしてくれる奴隷を所有できるのは、ほんの少数の裕福な者に限られる。

奴隷の役割

ほとんどのアテナイ市民は少なくとも奴隷をひとり、富裕層であれば数人の奴隷を所有している。奴隷は主人と女主人のためにあらゆる仕事をする。しかし、奴隷たちの労働条件や地位はさまざまだと知っておくことは重要だ。家のなかで働く奴隷は一般に、外で農作業をする奴隷よりも待遇がよい。最悪なのは、銀鉱山や大理石採石場で重労働をする者たちだ。

奴隷制度はいまわしいものだが、古代世界では、社会経済的階層の底辺にいる自由民には否定される一定の保護と安全が、奴隷である一部の個人に与えられる。ホメロスの『オデュッセイア』では、冥界ハデスでアキレウスに会ったオデュッセウスが、死んでしまったアキレウスをなぐさめようとして、君は偉大な功績を残し、今は冥界に君臨し死者たちに崇(あが)められていると告げる。するとアキレウスは死者の世界の王になるよりも、誰かのために働く日雇い労働者になるほうがましだ、と突っぱねるように言う。言い換えれば、アキレウスが想像する最悪の状況は、職の安全が保証されないまま、誰かに命令されて働くことなのだ。このことは、古代世界での生活がどれほど危険で予測不能であったかを考えれば、完全に意味をなす。さらには、奴隷たちは基本的な食事と寝場所を与えられるのに対し、日雇い労働者は次の食事がどこで得られるかもわからず、自分で自分の身を守らなければならない。

古代ギリシアの奴隷制のもうひとつの顕著な特徴は、ヘイロタイ（ヘロット）と呼ばれるスパルタの奴隷を注目すべき例外として、これが人種に基づいた身分ではないという点だ。すべてのギリシア人は状況次第で、おもに戦争で捕虜にされた結果として、奴隷の身分に落とされる危険がある。つまり、古代ギリシアでは誰かの身体的特徴だけを見て、その人が奴隷かどうかを告げることはできない。このことは非常に重要なので、あなたがアテナイの通りを歩くときには、忘れずに頭に入れておいてほしい。

私たちが知るかぎり、奴隷制が物事のあるべき自然な状態の一部であることに疑いをもつギリシア人はいない。アリストテレスは、過酷な肉体労働の結果として奴隷の体がしばしば変形しているのは、彼らが解剖学的にも道徳的にも劣っていることを示していると主張すらした。彼はそのような人々を「生まれながらの奴隷」と呼び、自由民として生まれたものの何らかの理由で奴隷になった者たちと区別している。原因と結果を取り違えた例として、これほど顕著なものはないだろう。アリストテレスは家内奴隷を「呼吸をする財産」と表現したことでも知られる。彼の考えでは、奴隷はかろうじて人間とみなされる存在なのだ。この見解がどれほど広く共有されていたかはわからないが、アリストテレスは間違いなく少数派ではなかっただろう。彼の考え方は例外的というよりは、社会通念に近かったかもしれない。

富裕層と貧困層を分けるものとは

古代ギリシアの生活について私たちが手にしてきた証拠は、圧倒的に富裕層に関するもので、貧しい人々の生活については大胆に想像力を飛躍させなければならない。アテナイの人口のかなりの割合が、小さな畑を所有する自給自足農民だ。自分の土地から利益を得ているのはほんの少数で、そこで働くのは奴隷たちなので、地主は完全に自由な時間を過ごすことができる。

アテナイの同盟国が艦隊の資金として支払う貢納金が、とくに貧困層の利益になっていることも知っておく必要がある。というのも、船の漕手として働く彼らはその仕事に対して日当を受け取るからだ。さらに、貢納金は陪審制度を支えてもいる。陪審員もまた、それを務めることで日当を受け取るからだ。これについては、おそらく陪審員の大多数を構成する年長の市民への恩恵が大きい。

もしあなたが富裕層に属するのであれば、お金の使い道は限られている。最も不可欠なもの、現代であれば車に相当するだろうと思われるものが、奴隷である。たいていの場合、馬は金持ちにとってのステータスシンボルにすぎない。ギリシアは山が多い土地なので、短い距離の移動のときぐらいにしか馬を使わないからだ。非常に価値のある贅沢品のひとつは彩色された高級陶器で、酒宴の際に使われる。持ち主が死ぬと、これらの陶器はしばしば墓に一緒に納められる。多くの陶器が完全な形で残っているのはそのためだ。

もうひとつの贅沢品は立派な墓碑で、彫像が添えられる。裕福な家族はかなりのお金を払って、主要道路のそばの一等地を購入する。アテナイで最も好まれる埋葬地は、町の西側の城壁のすぐ外に位置する「ケラメイコス」と呼ばれる陶工地区だ。陶器を表す英語のceramic（セラミック）という語は、このケラメイコスに由来する。現在、このエリアはにぎやかな現代アテナイのなかの静かなオアシスとなっている。おそらくソクラテスの時代からそうだったように、この土地を流れるエリダノス川で、カメが日なたぼっこし、カエルがケロケロ鳴いている。

アテナイを歩く

アテナイにある舗装道路はパンアテナイア通りだけだ。この道は町の西側の、ケラメイコスのそばにある二重門（ディピュロン）を起点に、アゴラを通って、アクロポリスの丘まで続く。長さは８００メートルほどしかない。最もよく使われる道はハマクシトス（荷馬車道）と呼ばれる道だ。この道は北側の長壁沿いに延び、８キロほど先のピレウスまで続く。舗装はされていないが、一部の区間は砕いた石で表面を仕上げている。しかし、もし荷馬車がひっくり返ったり、ぬかるみにはまったりすると——頻繁に起こる出来事だ——渋滞が引き起こされる。

供給品や製品の短い距離の輸送に通常使われる方法は、奴隷を雇い、背中にくびきを載せて荷物を運ばせるというものだ。くびきの両側にロープを輪にして結んだアンフォラ——両側に取っ手のついた壺——を吊るすので、その重みでくびきが背中にくい込む。アンフォラはワインやオリーヴオイルのような液体、また加工された魚や穀物の輸送に最もよく使われる容器で、船の甲板や貯蔵室に積み重ねることができる。底にこぶ状のつまみがあり、中身を注ぐときに第3の取っ手となる。

ごみの処理

あなたは時々、鼻をつまみたくなるかもしれない。どの通りの角にも、ごみが山積みになっていて、とく

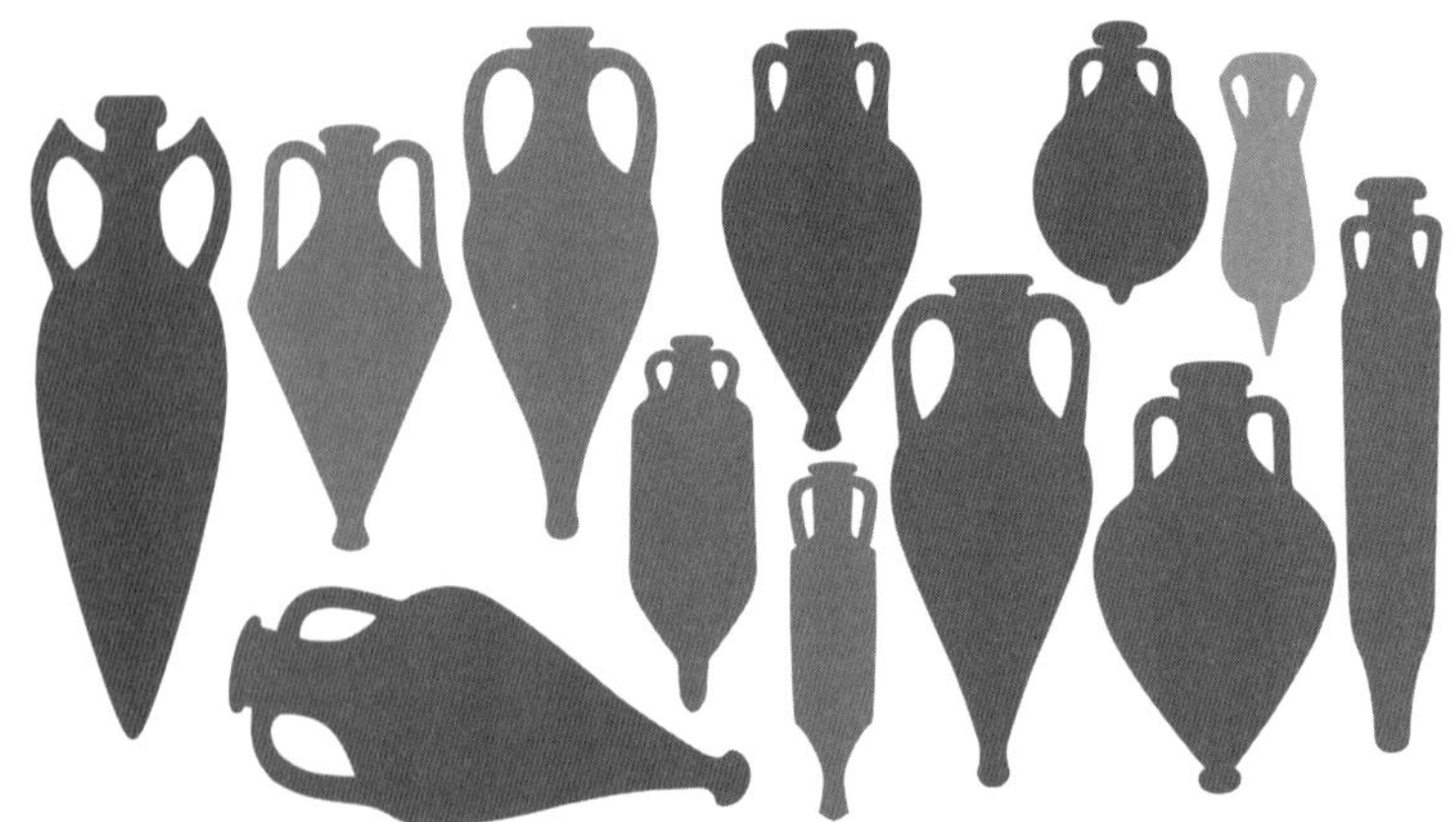

さまざまなアンフォラ

に夏の間には耐えがたいほどの悪臭を放つ。アゴラには排水溝が通っているが（考古学者は大げさにも「大排水路」と名づけた）、投げ込まれるごみをすべて処理することはできず、さらに、夏には頻繁に干上がってしまう。その結果、雨が激しく降ると、汚染された排水があふれて通りを流れる。

糞尿（ふんにょう）の回収業者が定期的に市内を回り、市の防壁から少なくとも800メートル以上離れた場所に廃棄する。最低限の衛生環境を維持するのは、公的に任命される役人の義務となっている。しかし、アゴラノモイと呼ばれる法執行官が違反者を取り締まっているものの、この大変な仕事をこなすには人数がまったく足りていない。そのため、ごみの処理はほぼ個人の責任にまかされる。

有害物による汚染は、まさにウイルスのように、コミュニティに広がる目に見えない危険とみなされるため、死者を市の城壁の内側に埋葬することはできない。「ミアズマ」と呼ばれる空気の汚染は、身体的な接触を通して人から人へと伝染しうる。最も毒性の強いものは、穀物を枯らし、妊娠している女性の流産の原因になる。汚染についての彼らの考え方は、現代人にはばかばかしく思えるかもしれないが、汚染の危険についての初歩的な認識があることを示している。死体に触れるだけでも、強い汚染の原因になるとみなされる。その場合の「治療法」は、身を清める儀式だ。したがって、これも十分に注意しておいたほうがいい。

犯罪への対処

困難な状況に陥っても、あなたは警察を頼りにはできない。スキュティア（東ヨーロッパと中央アジアを含む地域）出身の奴隷で構成される、国の管理下にある小隊を別にすれば、警察組織は存在しない。このスキュティア人の部隊にしても、彼らの仕事は治安の維持であって、犯罪を防止したり捜査したり、ましてや犯罪者を捕らえることではない。警察活動はほとんどの場合において、犯罪が発生した地区に暮らす人々が行なう。つまり、一般市民である。とはいえ、このシステムは犯罪を察知するうえでは驚くほど効果がある。もっとも、捕らえた悪人の扱いはいくぶん荒々しく容赦ない。

火災は多いが、消防隊はなく、地震も頻発する。街灯はない。あなたも夜間に外出をしようなどとは思わないほうがいい。松明(たいまつ)を持ってあなたを守ってくれる奴隷につき添ってもらうのでないかぎり。

細菌をどうするか

答えは簡単。細菌のことは忘れるしかない。病気になるのは日常の一部で、とくに人口が密集している地域の夏には多い。これはおもに、ギリシア人が衛生管理の重要さをほとんど理解していないことによる。そのため、水がしばしば汚染される。ペロポネソス戦争が始まり、地方の住民をアテナイ市内に避難させたために、都市部の人口が倍増すると、正体不明の疫病、おそらくは不衛生状態により発生したチフスにより、人口の3分の1が死亡する。

とくに悲しい事実は、出産時に母親が死亡するケースが非常に多く、新生児の死も同様に多いことだ。エウリピデスの悲劇『メディア』では、女王メディアが、1回出産するより、戦場で3回戦うほうがましだと述べる。彼女はその言葉の意味するところを十分にわかっている。およそ3人にひとりの新生児が1歳を迎える前に死亡する。なんとも気が滅入る統計だ。不衛生状態による病気がその大きな原因となる。

現代の欧米社会に暮らす私たちは、人口の高齢化に直面しているが、古代アテナイでは人口のほぼ半分が40歳までに死亡する。そのため、あなたが出会うのは40歳以上の人たちより20歳以下の人たちのほうが圧倒的に多いだろう。

ほかに注意すべきこと

ここでよい知らせを！　古代アテナイにも酒場と呼べるものがある。ただし、たいていの店は売春宿も兼ねている。レストランやファストフード店はない。肉は贅沢な食材で、日常的に肉を食べるのはほんの一部の特権階級に限られる。貧しい人たちが肉を食べるのは祭りのときくらいで、こうした祭りのときには数百頭もの動物が殺される。

この時代にはまだ週7日の暦が発明されておらず、太陰暦を使っている。そのため、太陽年とはつねにズレが生じる。祭りは文字どおり1年を通してちりばめられ、現代社会の週末と同じ役割を果たす。

ガラスはまだ発明されていないので、昼間は窓を大きく開け放ち、夜間には板でふさぐ。したがって、家のなかでの生活はどの天候のときにも、快適とはほど遠い。夏には気温がとても高く、冬にはとても低くなるからだ。雪が降ることもある。

公衆トイレはない。ほとんどの人は家に隣接する庭で——そもそも庭があればの話だが——用を足す。もし外出中にがまんできなくなれば、やぶのなかや通りで用を足す。

流水を使える家はわずかで、屋内の配管を備えている家はない。水は、公共の噴水に水を供給している遠くの泉から土管を使って町まで運ばれる。土管はつなぎ目の部分でつねに水が漏れ、よく破損する。そのため、修復されるまでは水の供給が不規則になったり一時的に止まったりする。この土管は町にある公共の泉場にも水を供給する。たいていの泉場は天然石を切り出して作った簡単な石のたらいだ。大部分の家族は井戸か泉場まで水をくみに行かなければならない。これはかなりの重労働なので、奴隷に与えられる仕事になることが多い。

インターネット、電子メール、SNSのない世界で生き残るには

私はあなたの助けにはなれない。あなたがこれから暮らすのは、情報と通信に関してはゆっくりと進む世界だ。私たちは何かが起こると瞬時にニュースとして伝えられる生活に慣れてしまっているが、古代ギリシアでは、外の世界にニュースが伝わるまでに数日かもっと長くかかる。これは戦時にはとくに重要で切実になる。たとえば、シケリア遠征の間、アテナイ人は自分たちの軍隊の状況については、将軍ニキアスが奴隷にあてて書く（というより誰かに書き取らせる）手紙――「公式報告」と呼んでいいかもしれない――に全面的に頼るしかない。その手紙が民会で読み上げられるのだ。そして、そのときまでには、戦況は劇的に変わってしまっている。アイスキュロスの印象深い表現によれば、海外の任務に就いている兵士の親類が、自分の愛する者が生きているかどうかを知る唯一の方法は、三段櫂船（かいせん）で定期的に運ばれてきて、ピレウスの埠頭（ふとう）で荷下ろしされる納骨壺に添えられた認識票を不安な気持ちで確認することだった。

プルタルコスによれば、アテナイ人がシケリアでの悲惨な敗北について知ったのは、ピレウスで下船した外国人の言葉からだったという。その外国人は床屋へ行き髪を切ってもらうと、すでに誰もが知る話であるかのように戦地の話を始めた。理髪師はびっくり仰天して、道具を放り出し、8キロ離れたアテナイへと急いだ。到着するとすぐに何人かの役人を呼び止め、自分が聞いた話を伝えた。役人たちはただちに民会を召集し、そこで外国人を尋問した。アテナイ人はその

男が偽の情報を伝えていると疑い、治安を乱したとして告発し、車輪につないで拷問した。しかし、それからまもなくシケリアからの使者が到着し、男の話は真実だとわかった。

これが、古代ギリシアでの生活だ。

あなたの新しい住まい

あなたが住むのはどんな家か

ギリシア語には「ホーム」と「ハウス」を区別する別々の単語はない。「オイコス」と「オイキア」はどちらも、「ホーム」と「ハウス」両方の意味をもつ。すでに述べたように、「オイコス」と「オイキア」には、土地、家畜、家具、さらには奴隷までが含まれるので、混乱が生じる。そして、「オイコス」と「オイキア」は古代ギリシアの「家族」を表現するのに最も近い言葉でもある。

大部分の住居は平屋根の建物で、泥煉瓦(どろれんが)の壁に瓦屋根を載せている。泥煉瓦には漆喰(しっくい)を塗っていることも多い。高くても二階建てまで。扉にはかんぬきを取りつけることもあるが、泥棒は簡単に壁を突き破って侵入できる。主室の中央には炉があるが、煙突はない。屋根に穴を開けてあるだけで、そこから煙(の少なくとも一部)を外に逃がしている。窓には(それを窓と呼ぶことができるなら)、ガラスははまっていない。よろい戸があるだけだ。つまり、寒い日によろい戸を閉めているときには、室内はかなり暗くて煙っぽい。人工の照明は動物の脂肪を燃やす小さなランプだけ。裕福な家であれば、木製のベッドで眠ることができるが、貧しい家では床の上で眠る。寝床といっても、土間の上に敷物、あるいは麦わらを広げた程度だ。家具は少ない。椅子が2脚、スツールがひとつかふたつ、小さなテーブル、収納箱、そして、本当に裕福な家庭であれば、くつろいだり、その上で眠ったりする寝椅子があるかもしれない。木材は非常に高価であることを覚えておいたほうがいい。壁のフックにいくつかのものがぶら下がっている。そして、陶器を置くための棚がある。

中庭には、泥煉瓦でできた小さな祭壇があり、そこで家族が信奉する神々に毎日の犠牲を捧げる。裕福な家なら、穀物を貯蔵しておく倉庫がある。家畜は自由に歩き回っている。家から少し離れたところに、奴隷たちが生活する粗末な小屋がひとつかふたつあるが、家のなかの仕事をする奴隷は母屋で眠る。奴隷のひとりは、布をのせたざるの上に凝乳(カード)を注いで濾(こ)し、黄色っぽい乳清(ホエー)と分けているかもしれない。もうひとりは、バケツのなかで衣服を洗っているかもしれない。そして、別のひとりかふたりが畑仕事をする。

所有地の境界線は、石を積んで目印にしている。場合によっては、ヘルメス柱像を使っているかもしれない。商業の神、境界線の神であるヘルメスの頭部を載せた柱だ。柱の部分には勃起した男根が突き出しているが、それ以外の装飾はない。これには厄除(やくよ)けの効果があるとされる。つまり、悪人や侵入者を思いとどまらせることが目的だ。アテナイの遠征軍がシケリアに向けて出発する直前に、何者かが破壊行為に及んで、アテナイ中の通りの角にある柱像の男根をたたき落とし、ヘルメスの頭をえぐった。彼らは、この冒瀆(ぼうとく)行為が不吉な前兆として解釈され、遠征が中止になることを期待したのだと考えられている。しかし、もし本当にそれが目的だったとしたら、彼らのもくろみは失敗した。もうおわかりのことと思うが、シケリア遠征はその2年後に惨敗という結果で終わる。

女性と家族

男性は女性をどう見ているか

古代ギリシアは徹底した家父長制社会だ。私たちにとっては受け入れがたいことだが、その事実から逃れるすべはない。しかし、少なくともギリシア人は、女性の体がきたならしいとか、けがれていると考えてはいない。月経中の女性との性交はタブーではないし、いくつかの宗教が求めているように、性交後に体を清める必要もない。それでも、教養あるギリシア人の一部は、女性の体は男性のものより劣っているとみなしている。アリストテレスはこう書いた。

女性は生殖能力のない男性に似ている。不完全な部分があるために女性なのだ。体に取り込んだものを使って、完全な精子をつくり出すことができない。これは女性の体がもともと冷えているからだ。

アリストテレスの説明によれば、女性の体は精子を製造しようとするが失敗する。その代わりに月経がある。もちろん、この「科学的」とされる理論は、完全な偏見に基づいている。科学としての解剖学は古典期のギリシアにはまだ存在していない。人間の体を切り開くことは、宗教的にタブー視されているからだ。間違いなく、大部分の医者は、生きているか死んでいるかにかかわらず、女性の体の内部を目にしたことはないだろう。

偏見のさらなる証拠として指摘しておくが、子どもを授かるうえでの父親の役割は、少なくとも一部のギリシア人の考えでは、母親の役割よりも重要とされている。アイスキュロスの『エウメニデス』のなかで、アポロン神は母親を「新たにまかれた種を育てるだけの者」と表現する。女性の子宮は父親の精液に比べれば重要度で劣るという意味だ。しかし、論理性にはまったく欠けていることながら、ギリシアの男性たちは子づくりに失敗すると、いつも女性のせいにする。男性の不妊など、彼らにはまったく理解できないことだった。

女性は人類に悲惨な状況をもたらす元凶であるという性差別的な考えも深く根づいている。これはパンドラの神話によく表れている。彼女の名前は「すべてを与えられたもの」あるいは「すべてを与えるもの」を意味する。ゼウスは鍛冶の神へファイストスに、粘土からパンドラを作り、人間に火を与えたティタン神族のプロメテウスにその報いを受けさせようとする。パンドラと名づけられたのは、彼女が多くの魅力的な特性をもっていたからだ。ゼウスはパンドラに封をした壺を与えた。パンドラは女性であるがゆえに、中身を知りたいという好奇心を抑えられず、壺を開けてしまう。すると、過酷な労働、苦痛を与える病気など、人間を悩ませるありとあらゆる害悪が出てきて世界に広まった。壺のなかには「希望」だけが残る。何があっても、人間が最後まで希望を失わないのはそのためだ。

少なくとも一部のギリシア人は、女性は欲望をコントロールできないと信じていた。ヘロドトスがギリシア・ペルシア戦争について書いた歴史書では、リュディアの将来の王ギュゲスが、「女は衣服を脱ぐとき、羞恥心も一緒に捨ててしまう」と述べる。この主張は、ギリシアの男性が多くの「合法的な」——つまり社会的に許容される——婚外の性的欲求のはけ口をもっているのに対し、ギリシアの女性はそうしたものをもたず、夫に忠実であることが求められることも一因になっているかもしれない。この二重基準は、ホメロスの『オデュッセイア』にも見られる。オデュッセウスは地中海をさまよいながら、海の女神カリプソや魔女キルケとの情事にふけるが（カリプソとは7年間、キルケとは1年間。もちろん、いくつもの困難や不運にも直面するのだが、私の言いたいことはおわかりいただけるだろう）、彼の気の毒な妻ペネロペは家に残されたまま、求婚者の一団を遠ざけなければならない。

女性たちの仕事

古代ギリシアの女性たちがどんな仕事をしているかを説明する前に、女性の地位とライフスタイルについて少しばかり背景を語っておこう。あなたもすぐに気づくだろうが、現代の欧米社会で暮らす女性たちの生活とは大きく異なる。

まず、古代ギリシアの女性たちは行動の自由がはるかに制限され、孤独な生活を送っている。選挙権はなく、陪審員にもなれず、（品位ある立派な女性であろうとするなら）つき添いなしで公の場に行くことはできない。自分から離婚を申し立てることも、それ以外の法的訴えを起こすこともできず、法廷では発言できず、自分の名前で財産を相続はできず、おそらく劇場へも行けない。

女性たちの働く機会は限られている。女性が就ける職業のひとつは、織物業だ。とくにタペストリーを織り上げる仕事は、相当な名誉と高い評価を得られるが、忘れてはいけないのは、これが家のなかで行なう仕事ということだ。また、芸術や工芸は男女どちらかが独占する職業でもないことを指摘しておくべきだろう。赤絵式の陶器（黒の地に赤で人物を表現した陶器）には、女性の絵師が混ぜ鉢を装飾している姿を描いたものがある。ほかの男性が支配する手工業でも、自分の能力を発揮できる女性が少数ながらいたと考えていいだろう。夫が生きている間は夫に養ってもらっていたが、未亡人になったとたんに生活のために働かざるをえなくなるというのが、女性たちの身によく起こる運命だ。したがって、年齢が上がるとともに、女性が働かなければならないケースが増えてくる。

進取の気性に富む女性のなかには、ヘタイラ――「女性の仲間」の意――になる者もいる。

シュンポシオンと呼ばれる饗宴に参加を許される女性は、彼女たちだけだ。シュンポシオンについては後述する。あなたもこの仕事を選ぶ女性たちに出くわすことがきっとあるだろうが、彼女たちを見下すべきではない。ヘタイラたちの一部は性的サービスのために雇われるが、自由民の女性が就ける数少ない職業のひとつであることは間違いない。それに、ヘタイラは教育を受け、政治にも通じている唯一の女性グループでもある。この仕事をするかぎり、そうした知識は不可欠で、これは職務の一部ともいえる。彼女たちは文化的、知的、政治的に最上層部の市民に加わるからだ。その結果、ヘタイラのなかには大金持ちになる者もいる。

女性たちは神官や祭司になることもできるが、これはキャリアへの道とは呼びがたい。それに、このような地位はほんの少数の選ばれた者しか手にできない。女性にできるもうひとつの職業は助産師で、これについては後述する。あるいは乳母になることもできるだろうが、乳母の大部分はおそらく奴隷たちだ。

女性の振る舞い方

あなたが「品位のある」女性なら、1日のほとんどの時間を家のなかで過ごすことになるだろう。子どもたちの教育を含め、生活のやりくりはあなたにまかされる。慣習により、つき添いなしで外出してはならない。政治家のペリクレスは、ペロポネソス戦争の最初の年に行なった戦死者を追悼する有名な演説を、「女性にとって最大の名誉は、称賛であれ非難であれ、人々の話題にのぼらないことだ」という言葉で締めくくった。言い換えれば、社会的に見えない存在であることがよいとされる。これは、エウリピデスの戯曲に登場する女性の次の言葉からも裏づけられる。

何よりスキャンダラスなのは、女性がひとりで外出すること。私はずっと外に出たいと望んでいたけれど、家のなかにとどまった。何人かの女性たちとは違って、自分の口に蓋をした。［中略］夫には口答えせず、穏やかな表情を見せた。いつ自分の意見を押し通し、いつ夫の好きにさせるべきか、よくわかっていた。

キトンを着た女性

いつ自分の意見を押し通すべきかをわかっている？　夫婦が一方通行の関係でないのはなによりだ。

しかし、謙虚さは何より重視される。あなたが外に出るときには、顔や体の一部でも露出しないように気をつけてほしい。頭からマントをかぶって顔まで覆うことをすすめる。

あなたの夫はかなりの確率で、1日のほとんどの時間を家の外で過ごすだろう。仕事をしているか、公的な役割をこなしているか、ただアゴラで思案に暮れているか。彼はこれを男性の特権と考えている。多くの晩はシュンポシオンに出向き、仲間や何人かのヘタイラとともに酒を飲んで過ごしもするだろう。文句を言っても無駄だ。あなたの不満はどこへも行きつかない。これはもう、受け入れてがまんするしかない。エウリピデスの戯曲に登場するメディアは、次のようにまとめている。

男性は家族と過ごすのに退屈すると、外へ出かけて息抜きをする。［中略］それに対して、私たち女性は夫ただひとりに注意を向けなければならない。

夫が兵役に就くときには、かなりの長期間、家を留守にする。理論的にはいつ召集されるかわからず、ただちに出発しなければならないかもしれない。夫がいない間には、いくらか自分の時間をもつことができるが、行動の自由が制限されているのは変わらない。大部分の時間、あなたは（もちろん女性の）親類、奴隷たち（やはり女性の奴隷）、子どもたちと一緒に過ごす。たとえ裕福でも、あなたはおそらく字が読めないので、夫はあなたのために文字が読める教育を受けた奴隷を買うかもしれない。

どの社会階級に属するにしても、妻には家の安定と繁栄に貢献することが求められる。そのための主たる方法のひとつは、糸紡ぎと織物だ。愛と美の女神アフロディテでさえ糸巻き棒を持っていて（特別な金の糸巻き棒だ）、それを使って羊毛や亜麻から糸を紡いでいる。オデュッセウスの妻ペネロペは、求婚者たちを欺くため、義父ラエルテスの埋葬用の布を織っているふりをして、夜になるとほどいていた。求婚者たちには、織物が完成したら、あなたたちの誰かひとりと結婚すると告げていたが、いつまでも完成しないようにして、何年も彼らを寄せつけなかった。ペネロペは私たちが思うような意味では教育を受けていなかったかもしれないが、108人もいた求婚者全員を合わせたよりも、ずっと賢かった。

このような生活は間違いなく退屈で、おそらく息苦しく、まったくの無益にさえ思える。21世紀の女性として、あなたもそう感じるかもしれないが、すべてのギリシア人女性があなたに同意すると思ってはいけない。隔離は抑圧と同じではないし、女性たちの生活は家が中心で、それは退屈としか思えない暮らしだろうが、欧米の女性たちだって比較的最近まで、私たちが基本的人権とみなすものを否定されてきたことを思い出してほしい。イギリスでは、女性が夫の経済的、法的な支配から脱し、離婚の申し立てをできるようになったのは、ほんの150年前のことだ。21歳以上の女性が投票権を得てから、まだ100年も経っていない。

古代世界の女性たちが非常に弱い存在であったことも思い出してほしい。彼女たちを家にとどめ、人々の視線から守ることは、行動をしばり管理下におくことだけが目的なのではなく、女性たちの安全と幸せを守る目的もある。したがって、現代の女性が古代ギリシアでの生活をじかに経験すれば、ひどく不満に思うだろうが、少し時間が経てば、隔離される恩恵がわかり始めるかもしれない。

このように言うのは奇妙に聞こえるかもしれないが、女性にとって数少ない社交の機会は、葬儀への参列だ。死者の扱いは女性の役割だからである。女性たちは埋葬のために遺体の準備を整え、埋葬される場所までつき添う。また、墓地を定期的に訪れて供物と献酒を捧げる。

リュシアスという著述家のものとされる法廷での発言は、結婚した女性が愛人とどのように密会を始めたかを描写している。女性は葬儀でその男性と視線を交わし、その後、奴隷を仲介者として使った。ふたりは数少ない機会を無駄にしなかった。ついでながら、この情事はひどい結末を迎えた。寝室に一緒にいるところを夫に見つかり、夫が相手の男を殺したからだ。この殺人は法的に許されている。

女性にとっての社交の機会がもうひとつだけある。男性が排除された祭りである。なかでもとくに重要なのはテスモフォリア祭で、収穫の女神デメテルに捧げる祭りだ。古代ギリシアの多くの祭りがそうであるように、この祭りの起源もよくわかっていないが、冥界の神ハデスがデメテルの娘ペルセフォネをさらったときに、大地が裂けて彼女がのみ込まれたことと関係しているかもしれない。そのため、テスモフォリア祭では地面の裂け目に豚が投げ入れられる。3日後に女性たちが下りていって、腐りかけた肉を回収する。このような祭りは、女性たちが家の外に出て、他の女性たちと交流する機会を与える。そして、儀式が最優先ではあるものの、うわさ話に花を咲かせる時間は十分にある。

夫は妻をどう扱うか

あなたは夫が家庭の外で好き勝手に行動するという事実を受け入れなければならない。彼は相手が自由民でないかぎり、どんな女性とでも自由にセックスを楽しむことができる。すでに述べたように、古代ギリシア社会では二重基準がまかり通っている。とくに、夫がヘタイラと寝るのは、法的にはまったく問題ない。

私たちが「不倫」と呼ぶ関係は、夫にとっても妻にとっても選択肢とはならない。アテナイでは、もし妻とその愛人が性行為に及んでいるところを見つかれば、夫は相手の男を殺すことが認められ、妻とは離婚しなければならない。ただちに離婚しなければ、その夫は市民権を剝奪（はくだつ）されるおそれがある。

現場を見つかったわけではないが、法廷で有罪を宣告された不倫相手は、被害を受けた夫への罰金の支払いだけですむ。彼の罪は女性が犯した罪よりも軽いとみなされるからだが、その理由については後述する。不貞行為で有罪となった女性は、あらゆる形の宗教から締め出される。家庭内での信仰からも排除されるかどうかはよくわかっていない。また、宝石を身に着けることが禁じられる。これによって、彼女が犯した罪を誰もが知ることになる。もし法にそむいて宝石を身に着ける女性を見つけたら、罰を望む者は誰でも（法的文書にそう記されている）、彼女の服を引き裂き、殴りつけてかまわない。

不倫は強姦よりも重い罪とみなされる。それは、不倫によって生まれた子を、夫が自分の生物学的な子孫だと信じて育てる可能性があるためだ。それに対して、強姦の場合は、夫はそれによって生まれた子が自分の子ではないとわかる。

ポルナイと呼ばれる売春婦は大勢いて、彼女たちが客を誘うのは犯罪ではない。それどころか、売春宿は国税を支払うことにより、国庫を支えている。あなたがそうしたいなら、自分の娘を売春婦として売ることもできるが、息子に売春をさせてはならない。もしそうすれば、法によって厳しい罰を受ける。さらに、本来なら息子には年老いた親を養う義務があるが、親に売春をさせられた息子はその義務を免除される。

法がどうであれ、不貞をはたらいた夫に対して激しく責めたてる妻もいるに違いない。人間とはそういうものだ。もっとも、妻の側から精神的、身体的虐待を理由に離婚を申し立てることはできない。政治家で軍人のアルキビアデスの妻が夫と別れようとしたときには、彼は妻の髪をつかんで家まで引きずり戻し、公衆の面前で屈辱を与えた。私はつねづね考えてきたのだが、オデュッセウスの妻ペネロペは、夫が家に戻ってきたときに、彼の数々の不貞に対する怒りの気持ちを少しでもぶちまけただろうか？　そうであったと願いたい。

あなたの夫は、おそらくあなたより少なくとも10歳は年上だろう。結婚に際して年齢的な制限があったかどうかはわからないが、男性は17歳から35歳、女性は13歳から25歳が適齢期とされたようだ。男性は18歳になると自由に結婚できるのに対し、女性は年齢にかかわらず、父親か法的保護者のすすめる相手としか結婚できない。

古代ギリシア人は、私たちなら不釣り合いな関係とみなすものも、好ましくないとは思わない。反対に、積極的に認めさえする。夫と妻の年齢差を考えれば、夫による妻の扱いにはある程度の父親的態度が感じとれるに違いない。政治パンフレット作成者のクセノフォンが書いた論説のなかで、イスコマコスという架空の人物が、自分は妻を「飼いならす」まで、理性的な会話ができなかったと述べる。おそらく、どう振る舞うべきかについて、自分の考えどおりに妻を従わせたという意味だろう。このしつけが完了してはじめて、イスコマコスは妻に、家の女主人としての義務を説明できた。気むずかしい年上の夫は妻に、化粧をせず、代わりにパン生地をこね、亜麻布をたたむことで、健康的な血色を保つように言い含めた。

家庭内暴力が起こるのは避けられないだろうが、どのくらい頻繁にあったか、どれほど深刻なものだったかはわからない。アリストファネスの戯曲『女の平和』（原題は主人公の名であるLysistrata）のなかで、リュシストラテが男たちの戦争のやり方を批判すると、夫は「殴られたくなかったら、女はさっさと織物仕事に戻れ」と、どなりつける。

もしあなたがスパルタに住むとしたら、結婚するのは少し遅くなり、そのため夫との年齢差も少しは小さくなるだろう。結果として、夫はあなたをもっと同等の存在として扱うはずだ。したがって、スパルタの女性たちが、意志が強く、自立していて、意見をはっきり口にすることで知られているのも驚くことではない。私たちが知るかぎり、古代ギリシアの女性のなかで、自分の名前で財産の所有が認められているのは、スパルタの女性だけだ。私たちはのちの章で、あるスパルタの女性と出会う。

皮肉といえるのは、裕福な夫より貧しい夫のほうが、おそらく妻の自由度が高まるということだ。それは、貧しい家では、妻が屋外で働いたり、共同の泉場や井戸から水をくんできたりする必要があるかもしれないからだ。「貧しい家の妻が外へ出ようとするときに、誰がそれを止められるだろう?」アリストテレスは憤りをあらわにして、そう問いかけた。少なくとも、地域の共同の泉場まで、毎日バケツに水をくみに行かなければならないとしたら、同じ社会階級の女性たちと言葉を交わす機会がもてる。

古代ギリシア社会は、女性たちが公的生活から排除されるか脇に押しやられるような形で建設されているが、女性たちがみな従順で無知というわけではない。再びメディアの言葉を引用するなら、「あちこちに、まったくの無知とはいえない女性たちが見つかる」だろう。

舞台劇のなかの、率直でずけずけものを言う女性たちの堂々たるリストから判断するなら(アンティゴネ、クリュタイムネストラ、ヘカベ、リュシストラテ、メディア、ファイドラ)、少なくとも何人かのギリシアの女性たちは、受け取るだけでなく与える方法も心得ている。これらの戯曲の登場人物たちは並外れた例かもしれないが、現実社会をもとにしていることは間違いない。

このような古代ギリシア社会の状況を考えると、夫婦間に真実の愛は存在せず、結婚生活の喜びは手の届かないものなのだろうか？　この疑問に答えるのは不可能だ。というのも、夫婦間の関係性を表現する夫または妻からの証言が得られないからだ。ロマンスはこの時期に文学作品のテーマにはならず、ラブレターというものもない。私たちが手にしているのは、小説化された、あるいは哲学的な文脈で男性が書いた、一般論的な説明だけだ。倫理学者で伝記作家のプルタルコスが書いた論説は、夫婦が「志を同じくする」重要性を雄弁に語る。そこから、彼の見解は古代の多くの夫婦に共有されていたのではないかと推測したくなる。しかし、真実は私たちの手の届かないところにある。

どのように出産するか

大部分の女性は自宅で、出産用スツールに座って子どもを産む。スツールの中央部分は円形にくり抜かれていて、生まれた赤ん坊は重力によって下に落ち、助産師がキャッチする。少数ながら、屋外で木に背をもたせかけて出産する女性もいる。双子のアルテミスとアポロンの母親であるレト女神も、デロス島でそのようにしてふたりを産んだ。

どの家庭でも、出産は大きな不安にかられる瞬間となる。出産により死亡する女性が非常に多いためで、おそらく10パーセントから20パーセントはいるだろう。生まれた子が死んでしまう危険はもっと大きい。これは、ひとつには衛生観念が発達していないためで、いずれにしても衛生的な環境を提供する手段がなかった。出産の危険は、それがその家にミアズマという悪い空気による汚染をもたらすという考えに反映されている。そのため、出産前、出産中、出産後には、この非常に感染力の強いミアズマが地域に広まらないように、儀式を執り行なう必要がある。

男性の産科医が近くにいるまれな場合を除き、出産に立ち会えるのは女性に限定される。もっとも、産科医を頼めるだけの余裕がある家はほんのわずかだ。たいていの場合、無事に赤ん坊を取り出し、母親の命を守る責任は助産師に負わされ、彼女たちは出産の少し前に妊婦に紹介されて、信頼を築けるようにする。これは、助産師がコミュニティで非常に重要な地位を占めていることを意味する。

生まれた赤ん坊を育てるか「遺棄する」かを決めるうえでは、助産師の意見も重視される。「遺棄する」とはつまり、その家から連れ出して、おそらくは人通りの多い地区に捨てて、子どものいない誰かがたまたま見つけて拾ってくれるのを期待するということだ。新生児のどれほどが捨てられるかについては、推測すらできない。古代ギリシアの演劇や小説では、これはかなり一般的な習慣として描かれるが、実際は違うのかもしれない。

病弱な赤ん坊や女の子は、捨てられる可能性が大きい。女の子は経済的な意味で男の子ほど家計に貢献しないためで、結婚持参金も必要になるからだ。持参金を用意してもらえない女の子は、ずっと結婚しないままで、生涯にわたって家族の重荷になるかもしれない。弁論家で政治家のデモステネスは演説のなかで、ある訴訟当事者の言葉としてこう述べる。「父親が一文無しで持参金もない女を、誰が受け入れるというのか？」これは悲しい現実だが、多くの家庭はせいぜい娘をひとりしか育てる余裕がない。

とはいえ、ひとつだけ負担を軽くする方法がある。現代人の感覚では、生まれた子を遺棄するというのはいまわしいことだが、多くの赤ん坊は子どものいない夫婦にもらわれることで救われる。夫も妻も、同じように不妊症が多いためだ。

新生児の死亡率が高いため、古代ギリシア人は生まれた赤ん坊をすぐには家族の一員にしない。誕生から5日目に、アンフィドロミアと呼ばれる奇妙な儀式を行なう。アンフィドロミアは、「走りまわる」という意味だ。その名称は、父親か母親のどちらかが、赤ん坊を抱いて炉のまわりを走ることによる。目的は、火に近づけて、かまどの女神ヘスティアの庇護のもとにおき、赤ん坊を清めることだ。赤ん坊はそれによって、完全に家族の一員として認められる。このアンフィドロミアで、あるいはそれに続いて誕生から10日目に行なわれる儀式で、赤ん坊は名前を与えられる。

生まれたばかりの子は頭からつま先まで、産着にくるむ。こうすれば、激しく動いても奇形にならずにすむと信じられているのだ。産着には非常に長い歴史があり、その効果については現在もまだ意見が分かれている。

子どもをどう扱うか

古代ギリシアで子どもとして過ごせる期間は、現代社会よりもずっと短い。実際のところ、私たち現代人が考える子ども時代、つまり10年はゆうに超えると思われる人生の一時期は、比較的最近の文化現象ではないかという見方もある。それに加えて、古代ギリシアは子どもを重視する文化ではない。自分の子どもたちを甘やかすことはまず考えられず、現代の「サッカーママ」に相当するものはない。子どもが穏やかな感情で過ごせるようにするのを、とくに優先する親は少ないのではないかと思う。だからといって、子どもの世話をしないというわけではない。単純に、精神面での健康はあまり気にかけないということだ。

子どもたちはおもに自分のきょうだいと遊ぶ。友だちが集まって遊ぶことはめったになく、いとこや親類が訪ねてくるときくらいだ。友だちの家に泊まりに行くこともめったにない。遊び場のようなものは存在しない。ただ、子どもたちは両親の所有地にあるブランコやシーソーでよく遊んでいる。

裕福な親は子どもの世話を乳母、通常は奴隷の乳母にまかせる。乳母は母親と同じくらい、自分が世話をする子に深い愛情をもつかもしれない。オデュッセウスの乳母エウリュクレイアのエピソードにもそれがよく表れている。エウリュクレイアは物乞いに扮（ふん）して戻ってきたオデュッセウスの体を洗っているときに、太ももにある傷跡を見て（通常は人の目に触れない場所だ）、彼が何者であるかに気づくのだ。

貧しい家庭であれば、子どもが立ち上がれるようになったらすぐに仕事を手伝わせるだろう。いくらかでも教育を受けさせるかどうかは二の次で、とにかく、できるだけ早く家計に貢献させる必要がある。

あなたがまだ気づいていないといけないのではっきり述べておくが、古代ギリシアでは感傷的になる余裕などまったくない。ほんの小さなことでも、子どもが反抗したら、ためらわずに鞭で打ってかまわない。その子はやがて大人にならなければならず、子ども時代が早く終わるほど、家族みんなのためになる。それに、寿命は短いので、成長を遅らせることには何の意味もない。大人になれば、はるかに楽しめることが増えるのだから。

子どもの墓に供えられたものから判断すると、最も人気のあるおもちゃはガラガラとテラコッタ製の人形で、人形は糸でつないだ腕が動かせるようにできている。ガラガラは数多く見つかっているので、大量生産されていたのかもしれない。少し年長の子どもたちはナックルボーンズ［日本のお手玉に似た遊び。ニワトリなどの骨を使った］や、サイコロで遊ぶ。課外活動としては、女の子は合唱隊で歌ったり、男の子は運動のトレーニングをしたりする。

古代ギリシアの子どもたちが実際にどんな暮らしをしていたかはわからない。劇作家が作品に登場する子どもに与える作りもののセリフを除けば、子どもたちが実際に発した言葉はまったく残っていないからだ。子どもの育て方を議論する哲学者たちもいるが、彼らはみな年配の男性で、自ら親として子育てをしたかどうかはわからない。子どもとして過ごす時期は、現代と比べれば退屈のようにも思えるが、携帯電話、コンピュータ、iPad、ビデオゲームなどの刺激がないからといって、子どもたちが自立していないとも、自分たちの生活に満足していないとも言い切れないだろう。

最後にもうひとつ。多くの社会に共通することだが、継母はいわれのない非難を受ける。エウリピデスの『アルケスティス』のなかで、アルケスティスという名の妻がまだ若くして死ぬ間際に、夫のアドメトスにこう言う。「どうか再婚はしないで。継子にきつくあたる継母は、毒蛇と同じくらい危険なのですから」。とくにひどい例がパイドラだ。彼女は継子のヒッポリュトスと恋に落ちる。エウリピデスの『ヒッポリュトス』では、パイドラはヒッポリュトスに拒絶されると、彼に強姦されたと告発する遺書を残して首をつるのだ。

子どもをどう教育するか

男の子も女の子も幼少期には母親と、そして、もしいるのであれば乳母とともに、家のなかの「ギュナイコニティス」と呼ばれる女性の区画で過ごす。男の子が5歳になると実質的に国の財産になるスパルタは例外として、古代ギリシアには公教育制度は存在しない。したがって、子どもを学校に通わせる法的義務はない。その結果として、親が子どもの養育に全面的な責任を負う。

父親はほとんど家におらず、ときには長期間留守にもするので、母親がほぼすべての面倒を見なければならない。

娘の教育については、あまり深く考えなくていい。糸を紡ぎ、布を織り、料理をし、家内奴隷を行儀よくさせる方法を学び、ひととおり家事ができるようになれば十分だ。男の子の正式な教育は7歳ごろに始まり、一般には14歳ごろに終わる。人口のどのくらいの割合の人々が、われわれが言うところの正規の教育を受けていたかはわからない。

アテナイの学校は私的に運営されてはいるものの、厳しい決まりに従わなければならない。夜明け前に開校することは禁じられ、日没前には閉校しなければならない。これは、男の子の安全のためで、とくに男色家の目にさらすのを避けるためだ。

裕福な家庭なら、息子は奴隷から個人的な教えを受ける。貧しければ、ほとんど教育は受けられず、工芸の技術や商売について学ぶだけになる。しかし、喜劇作家のアリストファネスは『騎士』のなかで、最低の職業とされる卑しいソーセージ売りでさ

座って巻き物を読む男性

え、読み書きができるのが望ましいとはっきり述べている。もっとも、貧しい家庭で育った者がどうしたら読み書きができるようになるかは、わからない。とはいえ、アテナイの市民であるかぎり、市政や帝国の運営に参加するためには、大部分が少なくとも基礎的な読み書きができなければならないはずだ。少年たちは書いては消して繰り返し使える蠟板で文字を学ぶ。記録のためのおもな素材であるパピルスは（「ペーパー」の語源になった）、輸入しなければならないので、贅沢品に含まれる。

教育は、読み書きと描画が中心となる。裕福な家庭の少年は、楽器、とくにリュラ（竪琴）とダブルリードのパイプの演奏も学ぶ。数学は必須のカリキュラムではないようだ。

詩の暗記は、重要な達成となる。息子にホメロスの『イリアス』と『オデュッセイア』を完全に覚えさせた父親の話もある（合わせて2万5000行ほどもある）。ギリシア人はホメロスを、ありとあらゆるテーマについての知恵の持ち主として崇敬している。これは、クセノフォンの言葉によれば、「彼はその才能を駆使して、人間に関するほとんどすべてを書いた」という事実のためだ。

シュンポシオン、つまり教養ある酒飲みたちが集まる饗宴で行なわれるゲームに参加しようと思うなら（あなたはきっと参加したいと思うだろう）、ギリシアの詩についての知識は不可欠だ。あるゲームでは、参加者のひとりが詩の一節を引用し、次の参加者がその引用した節の最後の文字から始まる別の一節を引用し、答えられる参加者がひとりになるまで続ける。詩は命綱にすらなる。シケリア遠征失敗後に、シュラクサイ人に捕らえられるアテナイ人の多くは、エウリピデスの劇中の合唱歌を暗唱できたために釈放される。シュラクサイ人はエウリピデスに夢中なのだ。私たちの社会に置き換えるなら、シェイクスピアの14行詩を暗唱できたために、刑務所から出られるところを想像してみてほしい。

女の子が受けられるのは基本的な教育だけで、家事が中心になる。少数の貴族階級の少女たちは、とくに祭りのときに女神のための祭祀で重要な役割を果たす。

男の子も女の子も、私たちが大雑把（おおざっぱ）にアテナイというポリスのイデオロギーと呼ぶものを植えつけられる。彼らが成長したときに、特徴的な一連の規範と法律、特異な歴史、そして特定の価値観をもつ、独特なコミュニティの一員なのだと認識できるようにするためだ。これには、嘆願者に助けを提供するという、アテナイの誇らしい伝統を意識することも含まれる。エフェベと呼ばれるアテナイの若者は、「エフェベイア」として知られる教

ホメロスの胸像

スパルタの子育て

「スパルタの母親には逆らうな」という言い習わしをご存知だろうか？　そう、これは本当のことだ。スパルタという都市を築いたのは、母親たちだ。彼女たちがいなければ、何の価値もない町になっていただろう。スパルタの女性たちは、子どものころから国のために働くように教え込まれる。厳しい体操の訓練をするのは、彼女たちの力に国の将来がかかっているためだ。古代ギリシアの他のどの都市も、娘たちの教育についてはまったく考慮しないが、スパルタは違う。私が言っているのは読み書きを学ぶことではない。本当の意味での教育、つまり、スパルタの歴史、神々、伝統、価値観、思想などについて、そして総合的に国を強化することについて学ぶことである。スパルタ人は地球上で最も誇り高き人々だ。そして、それは彼らの母親のおかげといえる。

スパルタの少女たちは、妊娠したときに最善の状態になるように、日々運動する。強くて健康な子どもを産めるように、自分の体を鍛えておかなければならない。その子たちが成長して、恐れ知らずの立派な兵士になるのだ。スパルタの母親たちは、そのために尊敬を集めている。もしスパルタの女性が男児を産んで死亡すると、墓石に名前を刻むことが許される。それによって、国のために戦って死ぬ兵士たちと同等のレベルになる。スパルタでこれほどの名誉を与えられる例はほかにない。

スパルタで新たに生まれた子は、必ず長老会の審査を受けなければならない。そこで、育てる価値があるかどうかが決められる。審査は出産後すぐに始められる。もし完璧な赤ん坊でなければ、タイゲトス山のふもとのカイアデスと呼ばれる場所に捨てられる。自然の力や野生動物が、その子の命を終わらせる。実際のところ、それは慈悲深い死といえるだろう。完璧ではないと判断されたスパルタの子どもは、その子にとっても国にとっても役に立たないとみなされるからだ。

各家庭（オイコス）と国家が子育ての責任を分かちあうが、これはおもに国の仕事である。国が圧倒的な差で第一の役割を担う。男の子が5歳になると国が教育を引き継ぎ、年長の男性の監督下におく。その男性の仕事は、少年をたくましい人間に育て上げることで、どんな痛みにも耐えられるとともに、命じられれば同じ痛みを誰かに与えられるようにする。

スパルタの若者はクリュプテイアを終える20歳ごろに完全な市民になる。クリュプテイアは「秘密のこと」を意味し、つまり秘密警察のことだが、これについては後述する。彼らは「同等者」を意味するホモイオイとして、完全に大人と同等の市民権をもつ者となる。これを機に、彼らは共同で食事をとるグループのひとつに属し、それからは仲間への忠誠が最優先になる。生涯、彼らと一緒に戦うことになるからだ。このことがよくわかるのは、スパルタ人の結婚式の夜だ。新郎は、新婦とはほんの短い時間を過ごすだけで、仲間たちのもとに戻ってしまう。

言うまでもなく、スパルタの母親たちは自分の子をおおいに誇りにしている。ある母親のエピソードを紹介しよう。息子がオリュンピア競技祭で徒競走に参加したとき、彼女は男の扮装をして自分の息子の姿を見ようとした。しかし、息子の勝利を喜ぶあまりに飛び跳ねて、扮装が脱げて正体をさらしてしまった。彼女はオリュンピア競技祭を目撃した最初で最後の女性だった。

スパルタの重装歩兵が持つ銅製の盾には、「ラコニア」（スパルタが支配する領土）を表すギリシア文字の「λ（ラムダ）」が刻まれている。マントの色はダークレッドで、負傷をしても血の色が目立たない。スパルタ人にとって戦場で死ぬのは大きな名誉で、もし逃げ出して盾を放り捨てると、二度と汚名をそそぐことはできない。あるスパルタの母親は戦場におもむく息子を、「盾とともに戻れ、その上に乗ってでも」という厳しい言葉で送り出した。盾を手に戻るか、名誉の戦死を遂げて盾の上に乗せられて戻るか、ということだ。

スパルタの妻たちは、夫と一緒に過ごす時間があまりない。スパルティアト（やはり「同等者」を表す語）は、国家への義務を最優先にする。スパルティアトが本当にくつろげる唯一の時間は、戦地にいるときだという古いジョークがある。他のギリシア人がスパルタの兵士を敬っていることが示唆される。

すでに述べたように、スパルタの妻たちは夫と年齢が近く、自分の名で財産を所有できる。ギリシア世界にこれほどの自由を享受できる女性たちがほかにいるかどうかは疑わしい。スパルタの女性たちは人前に出ることにもしり込みしない。こんな逸話がある。あるとき、ひとりの女性が前夜に夫に求められたかどうかたずねられた。すると、彼女はすぐさまこう答えた。「反対よ。私が夫を求めたのです」

スパルタでの生活がときおり退屈になるのは本当だ。アテナイのような娯楽や気晴らし、贅沢品は手に入らない。しかし、それほど壮大ではないにしても、祭りは多くある。スパルタ人からすれば、アテナイ人は何をするにもやりすぎる。

女性解放運動は存在しないが、あなたが到着してから数年後に、スパルタのキュニスカという王女が（キュニスカという名前は「雌の子犬」を意味する）、オリュンピア競技祭の4頭立て馬車競走に参加して「競わせ」、優勝することを人生の目標に定める。それが、女性がこの競技祭で優勝する唯一の方法だ。この催しの賞金は、騎手ではなく馬の持ち主に渡されるからである。キュニスカはレースに「参加」はできても、実際にレースを見ることはできない。思い出してほしい。女性はこの競技祭には参加できないからだ。しかし、彼女はいずれにしても有名になる。スパルタ社会は少しずつ変わっていっていると言う人たちもいるが、あまり期待はしないほうがいい。

育課程を通して価値観を教え込まれる。それが、少年期から成人への移行のしるしとなる。言い換えれば、エフェベとは、大人の入り口にいる者だ。「エフェベイア」はおもに軍事訓練と、アテナイの軍事史教育で構成される。

現代の大学に相当する高等教育は費用が高く、エリートだけのものだ。裕福な家庭の若者には、ソフィストと呼ばれる教師から学ぶ者もいる。「ソフィスト」は、文字どおりには「知恵を実践する者」を意味する。しかし実際には、ソフィストは弁論術を教えることを専門とし、若者に相手を言葉で説得する方法を教え込むのが彼らの役割だ。弁論術は政治と法律の両方の分野で欠かせない能力になる。

多くの人がソフィストを蔑視（べっし）し、悪影響を与えるだけの者たちと考えている。人々はソフィストが、本当は論拠の弱い主張をごまかし、説得力があるように見せかけるだけの詭弁（きべん）を生徒たちに教えているのだと主張する。確かにそうした側面もないわけではない。ソフィスト流の訓練を最も声高に否定しているのがソクラテスで、ソフィストが自分たちの講義に授業料をとり、真実には無関心であることを批判している。ソクラテスの偏見が、ソフィストの教育への貢献の評価を永遠に色づけしてしまった。同じように、ソクラテスの足跡を追ったクセノフォンも、ソフィストは利益だけに関心があり、彼らのなかに本当の賢者はひとりもいないと主張した。それゆえ、私たちが「ソフィスティック（sophistic）」という言葉を使うときには、利口ぶっているが真の価値はない議論を意味している。これはなんとも残念なことだ。ソフィストのなかには非常に独創的な思想家もいたからである。

生活の私的な側面に話を移せば、古代ギリシアではデートのシーンは見られない。裕福な家庭の少女は処女性が非常に重視されるため、厳しく監督される。もし新婚初夜に花嫁が処女でないとわかると、花婿は結婚の無効を申し立てることができる。その花嫁はブラックリストに載せられ、家族にとっての恥となる。

子どもを授からなかったらどうするか

子どものいない男性の選択肢のひとつは、奴隷を妊娠させることだ。しかし、生まれた子がアテナイの市民権を得られないというマイナス面がある。その子は非嫡出子とみなされる。それよりよい方法は養子を迎えることで、すでに大人になっている男性が望ましい。これは、将来確実に見返りを得られるようにするためだ。養父となった男性は、自分と妻が年老いたときに、その養子に面倒を見てもらい、敬意をもって埋葬し、冥界でも幸せに過ごせるように定期的に墓参りにきてもらうことが期待できる。言い換えれば、養子は実の息子が親のために果たす義務と責任すべてを肩代わりしてくれる。すでに成人している男性のほうが望ましいのは、そのためだ。かなり年をとってから幼い子どもを養子にすると、自分が死亡するころに、まだその子は大人になっておらず、子としての義務を果たしてくれないかもしれない。

養子として迎え入れられた息子は、唯一の遺産相続人となる。法律によって、アテナイ人の父親は全財産を息子(たち)に残さなければならない。実子か養子かは問わない。つまり養子になった息子は、養父が取り決めを破り、自分の所領を、たとえば猫のための家として残すかもしれないという心配をせずにすむ。

養父母と養子がお互いに深い愛情をもたないと言うつもりはない。逆に強い絆が生まれやすい。理由のひとつは、養子は実の家族とは法的に縁を切り、実の父親の遺産を受け取れなくなるからだ。

古代ギリシアでの養子縁組は、明らかに優れた制度だ。老後に面倒を見てくれる親族が誰もいない人たちにとっては一種の保険になり、その一方で、貧しい家庭の若い男性は、経済的安定を得られる。そのため若い男性は、父親を換えることで自分の財政運が改善すると確信できれば、養子になる道を選ぶ。養子縁組は親類の間で起こることが多いと考えるのが普通だろうが、本当にそうだったかどうかはわからない。

養子の斡旋会社のようなものはないので、もし本当に乳幼児を養子にもらいたいと望むなら、最善の方法は望まれない赤ん坊がよく捨てられる場所に行ってみることだ。地域のごみ集積場をのぞいてみてもいいかもしれない。養子として引き取られる多くの子どもは、名前の前にコプロスという接頭辞を加えられる。「こやし」や「ごみ」を意味する語で、捨てられていた子どもであることを暗に示す。といっても、捨て子だったことは恥にはならない。アッティカには「こやし」という名前の地区すらある。

古代ギリシア人が娘より息子を好むことはほぼ間違いない。いつもそうというわけではないだろうが、大多数は息子を好んだ。そのわかりやすい例として、歴史家のヘロドトスは、「子どもをもたないまま、娘だけを残して死んだ」男性について書いている。

しかし、男子の後継者に恵まれず、娘だけしかいないとしたら、あるいはもっと悪いことに、複数の娘がいたとしたらどうだろう？　その場合、家族の地所は長女に「付属される」ものとなる。その娘は、義務ではないものの、近縁の親類と結婚することが強く望まれる。そうすれば、オイコス（家）がとぎれずに継承されていく。

子どものいない男性だけが、自分の所領を誰でも望む相手に残すことが認められる。後継者のいなかったアリストテレスは、莫大な財産の大部分を愛人に残した。にもかかわらず、自分が死んだら妻のそばに埋葬してほしいと頼んだという。なんと立派な紳士であったことか！

女性が美しくあるには

古代ギリシアの男性は色白の女性を魅力的に感じる。そこで、あなたにも顔と腕に白い練り粉を塗ることをすすめる。化粧用の乳鉢とすりこぎが手に入れば、自分で粉を練ることができるだろう。また、できるだけ日差しは避けたほうがいい。日焼けした褐色の肌は最悪だ。

女性たちは髪を長く伸ばし、ときにはヘナで染めたりもする。たいていは三つ編みにした髪を頭の上でまとめ、銅や骨のヘアピンで留める。髪が薄ければ、ヘアピースを買うことができる。おしゃれなヘアピースも手に入る。櫛（くし）は木材か象牙から作られる。鏡は銅から作る。もちろん、銅はガラスと比べればよく映らないが、磨いているうちに鏡として十分に役立つようになる。ファッションで自己主張したいなら、背を高く見せるために厚底の靴を買うといいだろう。ギリシア人の男性は背の高い女性を好む。とはいえ、男性の注意を引こうとするのはやめたほうがいい。

大部分の女性は、指輪、ネックレス、ブレスレット、イヤリングなど、ジュエリーをあれこれ持っている。高価なものであれば、結婚持参金の一部になる。その場合は、実家の家財庫にしまっておき、代々引き継がれる。

男性も女性も香水を使う。これはおしゃれのためだけではない。ギリシア人はそれほど頻繁には入浴しないからだ。おすすめは乳香や没薬（もつやく）を含む輸入品の香水で、地元産のものより香りが強い。香水はアラバストロンと呼ばれる小さな丸いボトルに入れて保存する。

男性はあごひげを生やし、髪は長く伸ばす。女性の奴隷は使用人の身分を明らかにするために、髪を短くしておかなければならない。

結婚する

将来の花嫁と花婿の父親あるいは保護者が、持参金の内容について合意すると、婚約の儀式を執り行なう。花嫁の父または保護者は、娘を、あるいは「子どもたちを耕すための」負担金を引き渡すことを約束する。この言い回しは、結婚の最大の目的は子づくりであることを暗に意味する。花嫁になる娘はその場にいる必要がない。結婚に彼女の同意は必要とされないからだ。さらに言えば、彼女は結婚に反対することも許されない。女性が自分の夫を選ぶ機会を与えられることはめったにない。

すでに述べたように、男女の間にロマンティックな結びつきが生まれたことがわかる証拠はまったくないに等しいのだが、本当にそうしたロマンスがないとは思い込まないほうがいい。ソフォクレスの『アンティゴネ』のなかで、アンティゴネと婚約しているハイモンは、自分の父が花嫁に死罪の判決を下したあとで、自らも命を絶つ。しかし、このふたりは互いへの愛を告げたことはない。実際、彼らは劇中でお互いに話しかけることすらない。彼らの互いへの愛情の深さは謎のままということだ。そのため、ハイモンが自殺したのは、アンティゴネなしでは生きられなかったからか、それともただ、自分の父を苦しめたかったからなのかは、わからない。ロマンティックな愛が文学作品のテーマになるのは、それから400年後のギリシア小説興隆の時代まで待たなければならない。このジャンルの代表作としておすすめするのは、ロンゴスの『ダフニ

結婚式の日

13歳か14歳で、これから結婚しようとしているアテナイの少女の状況を想像してみてほしい。彼女は興奮しているが、不安でもある。夫となる人には婚約してから2度会っただけで、ふたりっきりになったことはない。そのため、1対1で話をしたことがなく、父親か保護者から聞いたことをのぞけば、どんな人なのか、ほとんど何も知らない。年齢はおそらく彼女の倍くらいだ。

翌日の結婚式で何が起こるかを想像していると、ついペルセフォネとプルトの話を思い浮かべてしまう。穀物の女神デメテルの娘ペルセフォネは、無邪気に花をつみながら野原を歩いていた。そこへ突然、彼女の足元の地面に巨大な穴が現われ、プルトが姿を見せると、力ずくで彼女を冥界に引きずりこみ、許しを得ることもなく自分の花嫁にしてしまった。かび臭い王国に着くと、さらにひどいことに、プルトは彼女をだまし、ザクロの種を5つ食べさせる。冥界でひとたび、ほんのおやつ程度のものでも食事をしてしまうと、ハデスの所有物になってしまい、ペルセフォネの場合はプルトのものとなる。アテナイの少女たちのなかには、冥界の王との結婚は夢がかなうことと思う子もいるかもしれないが、大多数は極限の悪夢と思うだろう。

現代と同じように、古代ギリシアの結婚式でも、おいしい食べ物や質のよいワインがたっぷり用意され、誰もが陽気になる。それは、花嫁が花婿とはじめてふたりだけになる時間でもあり、花嫁をおびえさせる。彼女はそれまでまったく性体験がないからだ。頬に軽くキスされたことすらない。

彼女の乳母はこう言ってきかせてきたのではないだろうか。「何をするにしても、相手があなたの体に腕を回してきたときには、後ずさりしてはだめよ。彼を怒らせてしまいますからね。結婚生活の出だしから失敗したくはないでしょう。それから、彼に背中を向けるのは絶対にだめ。彼が望むときには、いつも好きにさせなさい」。しかし、普通の乳母が、まだ幼い花嫁が直面する状況をどれだけわかっているだろう？

すべてはあっという間の出来事だ。まだようやく思春期を迎えたくらいの少女が妹と遊び、彼女の髪にリボンを結んでいる。次の瞬間には、父親がやってきて、ガメリオンの月（12～1月）に――ほとんどの結婚式がガメリオンに行なわれる――まったく知らない男性と結婚するのだと告げられる。

結婚式の日、花嫁は両親の家を離れ、ほとんど知らない男性と暮らし始める。ペルセフォネとプルトの話とも少し似ているが、夫は彼女をどこか暗い場所に連れていき、次の瞬間には、彼女の子ども時代は終わっている。いや、彼女の子ども時代はすでに終わってしまっていたのだ。父親か保護者が婚約の知らせをもってきたときに。ペルセフォネとプルトの物語は、ある意味では、少女の子ども時代が突然の死を迎えた物語だ。

結婚式の前に、乳母は彼女に、あなたは小さくて愚かなのだから、結婚式の夜のことを不安に思うのは夫に支払うべき小さな代償であって、もし運がよければ、たくさんの子宝に恵まれる、と言い含める。乳母はまた、尊敬を受けられる女性になる義務について告げ、もし結婚しなければ、彼女の生涯はみじめなものになり、他の女性たちに見下されるだろうと話す。彼女は父親が多くの時間をかけてよい夫を探してくれたことに感謝しなければならない。生涯未婚でいることほど最悪の運命はきっとないのだから。そうなれば、誰もがあなたをごみのように扱うだろう、と。

しかし、そう言い聞かされても、少女がおびえきっているという事実は変わらない。もし夫に嫌われてしまったら？　夫に触れられることにがまんできなかったら？　もしひどい暴力をふるわれたら？

ペルセフォネの物語では、娘をさらわれたデメテルは取り乱し、悲しみのあまり穀物の世話をせずにほったらかしにする。そのために飢饉が発生し、人間も動物も飢えに苦しむ。ついにゼウスが介入し、プルトと取引をする。ペルセフォネは夫のもとに1年のうち5か月とどまり、そのあとはオリュンポスに戻って母のもとで残りの7か月を過ごすというものだ。こうして季節が生まれた。デメテルが悲しんでいる5か月は冬にあたり、彼女が喜んでいる7か月は夏にあたる。しかし、この神話は季節の移り変わりを説明するだけでなく、娘と引き離された母親の苦しみにも焦点を当てている。

スとクロエ』だ。

結婚式の日、花嫁と花婿は身を清める儀式として、それぞれの家で神聖な泉からくんできた水で入浴する。その後、花嫁の家で結婚の祝宴が始まる。花嫁はベールをかぶり、親類の女性たちと座っている。そのなかには花嫁付添人に相当する女性もいる。日が暮れると、花婿は馬が引く荷車に花嫁を乗せて自分の家へ向かう。ふたりのあとには松明を掲げた行列が続く。その間、婚姻の神ヒュメナイオスに敬意を表した祝婚歌が歌われる。

花婿の家に入ると、花嫁は炉のあるところに案内される。そこで彼女は新たに誕生した子どもと同じように、ヘスティアなど家庭を守る神々の守護下におかれる。これが、彼女が正式に新しい家に迎え入れられたしるしとなる。花嫁と花婿はナッツとナツメヤシの実のシャワーを浴びる。現在の紙吹雪に相当するもので、多産と富の象徴だ。

神官は介在せず、国の役人も参列しない。宗教的な儀式といえるものは何もない。私たちが知るかぎり、誓いの言葉や、婚姻の届け出に相当するものもない。儀式のクライマックスは、花嫁がベールを外し、花婿に顔を見せるときだ。

結婚の儀式の締めくくりとして、新郎新婦は寝

花嫁と花婿

室に入る。扉が閉まると、親類とふたりの幸運を祈る人たちが「エピタラミオン」と呼ばれる祝婚歌を歌う。これは文字どおりには「婚姻の部屋」を意味する。翌日、祝宴に参加した客たちは贈り物を手に家に帰る。

新婚夫婦にはあまりプライバシーがない。花嫁は夫の両親や兄弟、義理の妹、おばがひとりかふたり、そして祖父母とも一緒に暮らすことになるかもしれない。古典期のギリシアでは、一般にプライバシーはなかなか手に入らない。

家内奴隷をどう扱うか

法律は、あなたが身体的にも性的にも奴隷を虐待することを認めているが、毎日長い時間を一緒に過ごす人と信頼関係を築くのはごく自然なことだろう。自分の家の家内奴隷に対して、思いやりをもって接するほうが、彼らがよく働いてくれるのは間違いない。子どもと乳母、男の子とパイダゴゴス（外出するときに同行して世話をする奴隷）は、強い絆を築く傾向がある。重装歩兵として戦地におもむくときに同行する奴隷も同様だ。こうした点すべてを考えあわせると、エウリピデスの戯曲のなかで、忠実な奴隷が人気の登場人物になるのも、驚くことではない。

私は家内奴隷が無害な制度だと言うつもりはない（虐待は頻繁にあった）。ただ、南北戦争前のアメリカ南部で奴隷になるより、古典期のアテナイで奴隷になるほうがましかもしれないということだ。その理由のひとつは、アテナイの奴隷制は人種に基づいたものではないからである。もちろん、ほぼすべてが運まかせであることは間違いない。オデュッセウスは、彼が20年間留守にしていた間も、彼への忠誠を失わなかった奴隷たちにとっては、よい主人だった。しかし、どこまでオデュッセウスを基準に考えてよいのだろう？　それに、オデュッセウスは妻ペネロペの求婚者たちと密通した女奴隷全員を絞首刑にしたことも覚えておくべきだろう。

私たちには答えが出せない疑問がたくさんある。主人の役に立てなくなるまで長生きした高齢の奴隷はどうなるのだろう？　理論的には、主人の考え次第で、放り出されるか、食べ物も寝る場所も与えられない可能性がある。しかし、最後まで愛情をもって扱われる者もいる。これについては、家族の地所に見つかる墓標に奴隷の名前が刻まれていたことがひとつの証拠になる。

古代ギリシアで暮らすなら、あなたは奴隷制に適応するのに大きな努力が必要だろうし、奴隷に対する残酷な扱いもたびたび目にするだろう。その現実から逃れるすべはない。あなた自身が奴隷を虐待したいという誘惑にかられる瞬間さえあるかもしれない。こんなことを言うとぞっとするだろうが、やがてあなたも古代社会の風潮に流され、別の考えを受け入れるかもしれない。

ペット

古代ギリシア人の多くがペットを飼っている。オデュッセウスの飼い犬アルゴスの話も思い起こされる。この犬は20年も離れていた主人に気づくが、その場で息絶えてしまう。おそらく主人が戻ってきたことに興奮しすぎて心臓発作を起こしたのだ。これは『オデュッセウス』のなかで最も心を打つ場面のひとつで、よく言われる「人間の最高の友」は紀元前8世紀からすでに、最高の友だったのだとわかる。

犬は現代と同じように、家を守る役割が期待され、狩りにも連れていく。小さな子どもたちはアヒルやガチョウと遊ぶのが大好きだ。ゼウスが白鳥の姿に変身してレダを誘惑する神話は、若い女性がペットに特別な愛着をもつことを示唆しているのかもしれない。

もしあなたがびっくりするほどの金持ちなら、何頭もの競走馬を所有してもいい。それをオリュンピア競技祭や、他の大きな競技場で開かれる乗馬大会に出場させるのだ。

しかし、ペットは一般に、現在のようには十分な世話をされず、大事にもされていない。多くはひどい扱いを受け、大部分は栄養不足になっている。言うまでもなく、獣医は存在しない。いるとしても、高価な競走馬を専門にする獣医だけだ。

年をとるということ

年寄りの生活は、よく言えば人それぞれで、よい面もあれば悪い面もある。体のあちこちに痛みを感じるようになるが、いずれにしても古代社会では生涯にわたって多くの痛みに対処しなければならない。唯一の違いは、年を重ねるとともに、痛みがひどくなるということだ。視力と聴力も衰えるだろう。まず間違いなく、杖に頼ってよろよろと歩くようになる。おそらく40代か、もしかしたらそれより早く、老化の兆候が見え始める——それまで生きていたら、の話ではあるが。これは何度でも繰り返し警告しておくが、生活はどんどん厳しくなる。医療の専門家は年寄りには関心がなく、高齢者医療や老年学といった学問はまだ発達していない。もしあなたの家が貧しく、蓄えがなければ、文字どおりにも比喩的にも、食物連鎖の底辺におかれる。

とはいうものの、年長の市民として、あなたは敬意をもって扱われる。スパルタに暮らしているのなら、とくにそうだろう。スパルタ人は高齢者の意見に従うことで有名だ。彼らは通りでは高齢者に道を譲る。それを想像してみてほしい！　イソクラテスという名のパンフレット作成者によれば、アテナイ人もかつては同じように年長者に敬意を払っていたが、今はまったく異なるという。喜劇詩人のアリストファネスは、歯のない老人についての逸話を書いている。その老人は法廷で争っていた若い男の口先だけの話に乗せられ、自分の棺の費用にとっておいたお金をだまし取られた。これは本当に起こった話かもしれない。その点で、アテナイ人は私たちとそう変わらない。

あなたは間違いなく祖父母として十分に利用されるだろう。老齢年金というものはないが、陪審員になれば1日に1ドラクマもらえるので、自活できる。ただし、陪審員の仕事が保証されるわけではない。それに、これはアテナイかその近くに住んでいる場合だけの選択肢だ。地方に住んでいるのなら、陪審員として呼ばれるのを期待して、アテナイまでわざわざ出かけようとは思わないだろう。もしかしたら、オデュッセウスの年老いた父親ラエルテスのように、畑仕事を続けられるかもしれない。ラエルテスは明らかにいまや息子のものになった土地でブドウの世話をしている。オデュッセウスが留守の間、ラエルテスは家長の役割については孫のテレマコスに引き継いだようだ。言い換えれば、彼は引退した身だが、「引退」に相当する言葉はギリシアにはない。それは明らかに、引退することがめったにないからだろう。

ホメロスは幸せな老後を、「キラキラ光る」「輝かしい」ものと表現している。それが何を意味するかは不明だが、少なくとも、お金さえあれば、長生きのごほうびがないわけではないということだろう。

買い物

どこで買い物をするか

アテナイに住むのなら、おそらくアゴラで買い物をすることになる。もしあなたが十分な広さの土地を所有し、必要な野菜やその他の食材を自家栽培できるなら話は別だが、その場合でも、時々はめずらしい異国産のものを試してみたくなるだろう。ペリクレスは、アテナイでは世界のすべての生産物が売られていると述べている。それは少しばかり大げさだが、彼の主張には十分な根拠がある。

裕福な家庭の女性たちは家から出ないものなので、買い物をするのはほとんどが男性だ。奴隷を連れていくことが多く、買い物カート代わりに使われる。しかし、奴隷が信頼されていれば、彼らだけで買い物に行かされることもある。

商人はアゴラに屋台やテントを立てる。これらは考古学的な遺跡のなかにはまったく痕跡が残っていないが、同種の商品を売る商人たちが集まる「サークル」と呼ばれる指定の場所があったことは記録に残っている。魚、肉、ワイン、チーズ、奴隷など、扱う商品ごとに決まったサークルがあった。靴屋、仕立屋、香料商、理髪師、宝石商なども同様だ。当時も現在と同じように、理髪店はゴシップを仕入れる格好の場所となる。シケリア遠征の敗北のニュースが最初にアテナイで伝えられるのは、理髪店だったことを思い出してほしい。

アゴラの近隣にも、特定の商売でにぎわう場所がある。金属加工職人はアゴラの西側の丘に集まっている。鍛冶の守護神ヘファイストスの神殿に近い地域だ。彫刻師はアクロポリス北西の丘アレオパゴスの傾斜地に工房をもつ。彩色した陶器、ランプ、テラコッタの製作には大量の水を必要とするため、これらの品を扱う業者はケラメイコスを流れるエリダノス川の土手に店をかまえている。ケラメイコスがアテナイの主要埋葬地となったのは、まさに彩色陶器が豊富に手に入るという理由からで、すでに述べたように陶器は最も一般的な副葬

さまざまな形の容器

品だ。

私たちがアテナイのアゴラについてよく知っているのは、そこが古典期のギリシア世界最大の交易場所だったからだ。アテナイの海洋同盟国すべてにとっての主要市場であり、船でやってきて商品を売買する。しかし、アテナイの150余りのデモス（区）それぞれにアゴラがあり、もっと小規模な売買が行なわれている。地方にあるアゴラでは、数日おきに市が開催される。これは、ヨーロッパやアメリカに現在もあるファーマーズ・マーケットのようなものだ。アテナイで起こっていることは、ギリシア語圏全体にも当てはまる。すべてのポリスにアゴラがあり、そこが政治や司法の中心であるとともに、商業の中心にもなる。

熟練の職工たちでさえ、土地を所有する上流階級からは見下されるのが一般的だ。とくに軽蔑されるのは皮なめし職人で、彼らは扱う動物の皮の臭いや、皮をやわらかくするために使う糞尿の臭いを漂わせる。ここでひとつ忠告を。古代ギリシアは階級意識と偏見が非常に強い社会であることを覚えておいてほしい。

小売商人の生活

小売業は最良の時期でも厳しい職業で、ほとんどの小売商人はその日暮らしをしている。貧しい者は自分の売る商品を手押し車に載せて移動しなければならず、夜明けに屋台を設置し、日暮れごろに家に帰る。これは過酷な生活だ。暑さ、雨、スコールや雪を遮(さえぎ)る場所がないからだ。多くの商売は家族経営で、年寄りも小さな子どもも、女性たちも協力する。たいていの小売商人は男性だが、多くの女性、とくに未亡人もわずかな収入を得るためにものを売っている。

アゴラでの取引は厳しく規制されている。市場監督官が標準化された計量器を使って、公正な取引がなされるようにしている。売り手側の不正を疑う買い手は、苦情を申し立てることができる。もし商人が不正な商売をしているとわかれば、罰金を科されるか、極端な場合にはその後の取引を禁止される。

古典期のアテナイは大部分において貨幣経済だった。最も流通している銀貨は「フクロウ」と呼ばれる。裏面にフクロウが刻印されているためで、フクロウはアテナ女神のお気に入りの鳥で、知恵を象徴する。表面のデザインは兜をかぶったアテナ女神だ。アテナイの同盟国はこの「フクロウ銀貨」を使って取引することが義務づけられるので、この貨幣はエーゲ海地域全体に広

アテナで使われた硬貨の裏面。フクロウとオリーヴの枝がデザインされている。どちらもアテナ女神のシンボルだ。

く流通している。アッティカの田園地方や他のギリシア世界では、貨幣はあまり使われず、物々交換がまだ主流だ。基本単位はドラクマで、現代のギリシアでも2002年にユーロが導入されるまではこの単位を使っていた。「ドラクマ」は「私はつかむ」を意味するドラッソマイという語に由来する。硬貨ができるまでは、金串型貨幣のオボロイをひと握りする量――6本分――が1ドラクマになったからだ。

アテナイの硬貨の表面。アテナ女神の頭部がデザインされている。

食べ物と食習慣

何を食べるか

古代ギリシア人は1日2回しか食事をしない。早朝にアリストンと呼ばれる軽い食事をとり、オリーヴ、チーズ、蜂蜜、パン、果物を、薄めたワインで流し込むようにして食べる。夕方にとるもう少し重めの食事はデイプノンと呼ばれ、やはり薄めたワインとともに食べる。これは知っておくべきことだが、ワインは水よりもはるかに飲料として信頼できる。ファストフード店やレストランに相当するものはないが、昼前に小腹が空いたと思えば、いつでもスブラキに相当するものを食べることができる。野菜を少しと肉を串刺しにしたものだ。裕福な人たちはデイプノンに魚や肉を食べる。貧しい人たちは、ソーセージなら簡単に手に入る。残念なのは、ソーセージには筋が多く、肉の中身がかなりあやしいところだ。キャセロールとシチューの具は、たいていは豆と野菜だけ。チョコレートや砂糖はない。オレンジ、レモン、トマト、ジャガイモ、コメも、この時代にはまだ見つかっていない。塩は手に入るがコショウはなく、スパイスもまだない。

これについてはまず議論の余地はないだろうが、この食事に慣れるのはかなり大変だ。味気ないと思えるならよいほうだ。最悪の場合、気分が悪くなる。あなたがよく食べるのは、パン、オリーヴオイル、野菜、蜂蜜、スープ、粥（ポリッジ）、卵、トリッパといったところだろう。トリッパは牛か羊の胃を使って作る一種のスープ。パンは大麦、キビ、オート麦、小麦を混ぜた生地で作る。土地が肥えていないので、アッティカでは小麦が大麦の10分の1ほどしか栽培されない。そのため、貧しい家庭では、たいてい大麦で作る固いパンを食べることになる。エンドウや豆類、果物とナッツはたくさんある。鳥、魚介、塩漬けの魚は特別なごちそうになる。魚介は種類が豊富で、タコ、イカ、カタクチイワシ、カキ、ウナギなどがとれる。

よい知らせは、毎日の摂取カロリーの計算をしなくてすむことだ。どれだけカロリーを摂取しても、すべて消費できる。ほぼ間違いなく、あなたのこれまでの食事と比べ、食べる量は格段に少なくなる。そのため、古代ギリシアでは肥満の人をあまり見かけない。

高級料理を探そうと思うなら、スパルタは避けることだ。私たちが耳にするスパルタ料理といえば、黒いスープしかない。材料を聞いただけで吐き気をもよおしそうだ。豆、塩、酢のほかに、豚足も放り込まれる。しかし、その独特の風味はこれらの材料を煮込むための血からくる。イタリア南部のシュバリスから来た男がはじめてこの黒いスープを味わったとき、彼は「スパルタ人がなぜ死を恐れないかがわかった」と言った。シュバリスは贅沢な食材で知られ、シュバリス人にとって毎日この黒いスープを飲むことほど、ひどい生活は想像できなかった。

あなたはもう気づいているだろうが、古代ギリシア人はあまり衛生観念が発達していない。彼らは文字どおり、あなたの気分を悪くするような衛生環境で食事の準備をする。野菜は洗わない。消費期限をとっくに過ぎたような、悪臭のする肉や魚を口にするかもしれない。もっとも、物事を楽観的にとらえるなら、いつが消費期限かを知ることはない。

コーヒーも紅茶も手に入らない。果物のジュース、ミルクセーキ、炭酸水もない。薄めたワインが安全な選択肢となるのは、そのためだ。アテナイ人は消費するワインの大部分を輸入する。アンフォラ容器に入れて船で運ばれるワインは、ピレウスの埠頭に到着する。ぜひキオス島産の高級ワインを味わってみてほしい。きっと失望しないだろう。しかし、レスボス島やタソス島産のワインも鼻であしらうことにはならないと思う。あなたがワイン愛好家でないのなら、コス島、ロードス島、クニドスあたりの安物ワインでも、十分に満足するだろう。ビールやスピリッツは一般的ではない。

調理法

テラコッタ製のさまざまな調理道具が手に入り、片手鍋、フライパン、グリル、ケトルなどがある。これらを使ってゆでる、焼く、蒸すなどの調理ができる。一般に燃料には木炭と乾燥させた小枝を使う。

パンは自宅で、木炭の火鉢の上に載せた陶製のオーブンに入れて焼く。あなたか、あなたの家の奴隷が、穀物をうすでひいて粉にする。すり鉢は、木の幹をくり抜いて作る簡単なものだ。穀物の上で石を前後に転がして、すり鉢に粉がたまるようにする。家族の人数が多ければ、これは1日の数時間をかけて行なう作業になる。粉をひく間はずっと腰をかがめていなければならず、かなり骨の折れる作業だ。

特別な行事や祝いのときには、専門の料理人を雇いたいと思うかもしれない。ただし、きっと途方もない額の報酬を求められるだろう。

衣服と外見

何を着るか

男性も女性もかなり似た服装をする。ズボンはまだ発明前で、着るものの選択肢はかなり狭い。ひとつは「キトン」で、長方形の亜麻布2枚をつなげて作る。布を肩から上腕にかけてピンまたはボタンで留めるか、縫い合わせるかする。キトンは着る人の身長より長いことが多く、余った部分はウエストで帯かひもを巻いて折り重ねる。亜麻布は軽いので、この服は体にぴったりする。女性の場合は、それによって体形があらわになる。

もうひとつのタイプは「ペプロス」で、男性よりは女性が好んで着る。一般には長方形のウールを折り重ねたものだ。半折りにしたウールがチューブになるように端を肩のところで留め、着るときには足から入れる。ウエストのところで締めてもいいし、ゆったりと垂らしたままにしてもいい。くるぶしくらいの長さで着る。ペプロスは若い女性に好まれる。というより、その親に、と言ったほうがいいかもしれない。ウールは重く、体のラインを隠すからだ。裕福な家の少女は、明るい色で端の部分に刺繡の入ったペプロスを着る。

寒いときには、男性も女性もゆったりとしたウールの外套を着る。「ヒマティオン」と呼ばれるものだ。奴隷は男性も女性も、露出度の高い短い服を着る。冬に温かく保てる外套を与えてもらえれば幸運といえる。ウールは不足しがちな贅沢品なのだ。

おそらく、あなたが着る服は、奴隷か、家族の女性の誰かが作るだろう。ギリシア人の家を訪ねると、社会階級にかかわらず、女性たちが小さな糸巻き棒を使って、亜麻や羊毛から糸を紡いでいる姿を目にするはずだ。これはほとんど頭を使わずにできる作業で、チューインガムをかむようなものだ。糸紡ぎが終わったら、織機を使った織りの段階に進む。

織機は数千年前から存在する。2本の縦の柱が横ばりを支える。束にした糸が横ばりにぶら下げられ、それぞれの糸に小さなおもりを結びつける。糸

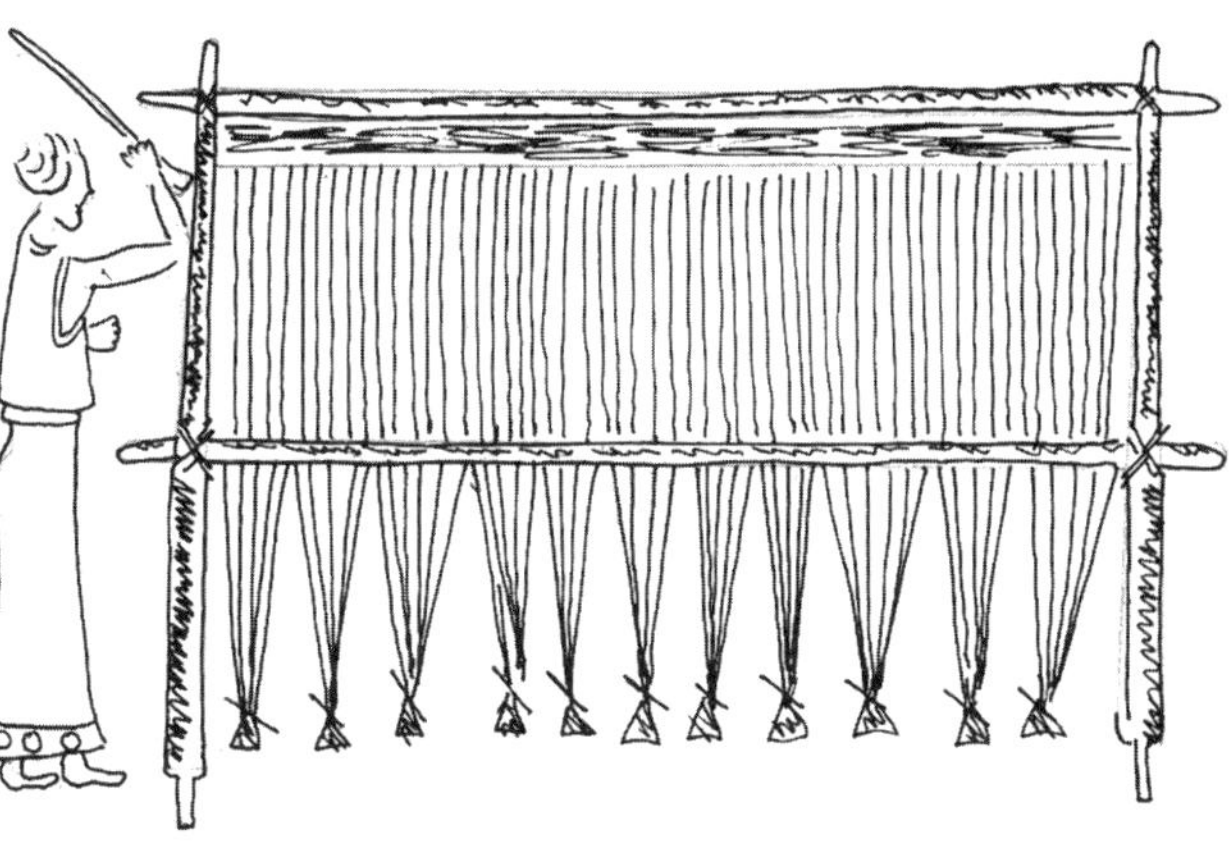

織機

がたわむのを防ぐためだ。つまり、ぶら下がる糸が引っ張られてまっすぐになる。これによって水平に伸ばした横糸が、縦糸の間に織り込まれていく。ペネロペが求婚者たちを遠ざけられたのは、織機を使いこなす技術に長けていたからだったことを思い出してほしい。彼女は昼間、織り上げた分を夜になるとほどき、義理の父親のための埋葬布を作っているように見せかけた。

クローゼットや戸棚はまだ発明されていないので、衣服は木箱にしまっておく。もっとも、それほど多くの衣服を持てるかどうかは疑わしい。普段着の替えの服が1着、祭りや葬儀などの特別な機会のための上等な服が1着といったところかもしれない。水が豊富な海岸や田園地方に住んでいるのでないかぎり、洗濯は一番近い共同の泉場でする。

労働

生活のために働く必要についてどう考えるか

古代ギリシアには仕事を意味する単語がない。最も近いのはアスコリアという語だが、これは「余暇の欠如」を意味する。この社会での仕事の本質をよく表している。ギリシア人の感覚では、余暇こそが日常であり（少なくともそうあるべきで）、仕事はその反対で異例の状況となる。言うまでもなく、彼らがこうした考え方ができるのも、奴隷制があるからだ。

アテナイ人は、私たち現代人がその言葉で意味する「労働」を軽蔑する。とくに誰か他人のために働くことは軽蔑する。しかし、彼らのことを怠け者だと決めつけるべきではない。市民でいることがフルタイムの仕事なのだから。つまり、彼らは民会に参加し、500人評議会で奉仕し、治安判事となり、兵役に就き、神官となり、祭りの運営を手伝い、陪審員の役割をこなし、神々を礼拝する。さらに、数々の非公式の場で市民としての能力を発揮することが期待される。たとえば、昼間はアゴラなどの場所で、夜は饗宴（シュンポシオン）などの私的な集まりで、国の運営について日々議論する。

あなたはアテナイの市民というだけでなく、デモス（区）の一員であることも心に留めておいてほしい。デモスはまさにポリスの縮小版として機能する。独自の民会があり、独自の規制があり、独自の祭り、資金、記録をもつ。あなたはこのすべてに関心をもち、積極的に参加しなければならない。したがって、たとえ現代的な意味で「働く」必要がなくても、国やデモスへの奉仕のために忙しく過ごすはずだ。結果として、自宅で過ごす時間はあまり多くはない。

職業の種類

最も一般的な労働は農作業で、その大部分は非常に小規模で行なわれる。最も重要な農作物は穀物、ブドウ、オリーヴだ。畑を耕すためには、雄牛数頭かラバ2頭が必要になる。どちらも用意できなければ、極貧状態に陥るだろう。エーゲ海は豊かな魚の繁殖地ではない。そのため、漁業は盛んではない。大勢のギリシア人が商売をしている。アテナイでは、商人の多くは在留外国人（メトイコイ）だ。

職人の数は多く、石工、大工、宝石商、靴修繕屋、鍛冶屋、織工、陶工、陶器の絵師、塗装職人、縮機工、ロープ職人、帆職人、建築業者、煉瓦職人、染色業者、彫刻師、靴職人、刀剣職人など、リストはどこまでも続く。公共建築計画は、さまざまな熟練の技術を必要とする。

何かひとつの技術（テクネ）を習得する者は、誰でも職人だ。しかし、職人とみなされるのは彼らだけではない。私たちが専門の職業とみなすものに精通した人たち、たとえば医師や占い師なども、職人とみなされる。それと同時に、職人と芸術家の区別は厳格ではない。粗末な工芸品と古代世界を代表する芸術作品との区別も厳格ではない。その意味で、ここは非常に民主的な社会といえる。

専門技術をどう学ぶか

歴史の大部分の時期に当てはまることだが、職人は子どものころに職業見習いを始める。父親が息子に自分のもつ技術を伝えるのが一般的だ。民主主義の父とも呼ばれるソロンが起草したとされるアテナイの法律のひとつによれば、父親が息子に技術を教えられなかった場合、息子は父親が年老いたときに面倒を見る義務を免除される。子どものいない男性は、男の養子をとるか、奴隷を雇うか買うかして、自分の技術を教える。ヘロドトスによれば、スパルタでは多くの技術が特定の家族の専業となっている。伝令官、フルート奏者、料理人などもそれに含まれ、その専門技術はその家で代々引き継がれる。この伝統は間違いなくギリシア全般に当てはまる。

労働条件

多くの職人は自宅の奥にある部屋や中庭で仕事をする。工房の大部分は小規模で、ふたりか3

人の見習いを雇う程度だが、少数ながら、とくに武器製造に従事する工房には100人を超える従業員を雇うところもある。労働条件は職業によってさまざまだ。陶工や陶器の絵師は体への負担が少ないが、彫刻師は採石場の監督も自分で行なう場合があるので、肉体的に過酷な仕事になる。危険で不健康な環境で働く職人もいて、たとえば鍛冶職人は炉の煙を浴びながら作業をする。労力を節約するような装置はない。一輪の手押し車さえまだない時代だ。肉体を酷使する影響のひとつとして、単調な作業と動きを繰り返す結果、体が変形してしまうこともある。週7日の暦がないために、労働者にとっては祭りだけが、仕事をせずにひと休みできる機会になる。

働く人々の地位

貴族階級は富をもたらす土地を所有していることに誇りをもち、すでに見てきたように、彼らがひとまとめにバナウシオイ——職工——と呼ぶ人々を見下している。アリストテレスは、職人の生活は「卑しく、美徳の敵である」とし、のちの著述家たちも同じ見解を繰り返した。500年ほどあとの時代のプルタルコスは、もし自分で生活費を稼がなければいけないのなら、人生の重要な行事に参加する余暇をもたないという、無遠慮な仮定をした。鍛冶の神ヘファイストスは、一級の芸術作品を生み出すにもかかわらず、歩行障害があることを嘲笑（あざわら）われる。職人への偏見は、彼らの一部が奴隷と一緒に働いていることも一因となっている。これは、パルテノンで働いた優れた彫刻師たちにとっても同じだった。彫刻師の地位は、ルネサンス時代になるまでほとんど改善されない。

しかし、多くの職人が偏見に直面するものの、彼らは自分たちの達成に大きな誇りをもっている。陶工や絵師が自分の作品にしばしば署名を残していることからも、彼らの自尊心の高さがわかる。しかし、現代の芸術家に対する尊敬に相当するものは見られない。古代の芸術家は独創性が求められるわけではなく、先人たちと同等以上の技術があればよかった。

特別な専門技術をもち、あちこちの都市を移動してまわる人たちは厚遇を受ける。占い師、医師、建築家、吟遊詩人などだ。ホメロスの言葉を借りれば、彼らの需要はあまりに高く、「地球の果てから招かれる」ほどで、それ相応の名声と報酬を得た。

健康と衛生

蔓延する病気

古代ギリシアは現代世界よりも、身体にははるかに厳しい環境だとわかるだろう。病気やけがに加えて、老いのプロセスが古代世界ではずっと急速に進むからだ。まず、病気について考えてみよう。古代ギリシアでは、おそらく梅毒などいくつかの性感染症をのぞき、どんな病気にもなりうる。髄膜炎、はしか、おたふく風邪、猩紅熱(しょうこうねつ)、天然痘などのウイルス感染による病気は流行しやすい。大人になるまでに、命にかかわる病気に少なくとも一度はかかると思っていいだろう。アテナイのように人口が密集した都市では、ごみの処理も、汚染されていない水を確保するのもむずかしいため、コレラやチフスのような病気は頻繁に流行する。病院はなく、伝染病を発症した人たちを隔離する手段もない。細菌がどのように広まり、病気を引き起こすのかについての理解も乏しかった。ペロポネソス戦争の初期にアテナイを襲った深刻な疫病は、毒性が強かった。おそらく人口の3分の1の命を奪い、間違いなく同じくらいの割合の人々が、外見を損なったり障害が残ったりした。しかし、これは例外的な事象ではなかった。ほかの致死性の病気も、もっと規模は小さいものの、夏の間にたびたび発生する。

病気になったら医者に診てもらうべきか

おそらく最初に知っておくべきことは、医師に診てもらえるのは人口のほんのひと握りの人たちだけということだ。大部分の人々は薬草の効果に頼るしかない。

ときには、医師に診てもらうことで症状が悪化する場合もある。背中の痛みに苦しんでいるときには、とくに医師を遠ざけておくことを強くすすめる。「治療法」のひとつは、患者を空中に放り上げることだ。もうひとつは、患者を何かに吊るし、激しく揺さぶる。『関節』という医学論文には、そうした治療法がしばしば大勢の群衆を集め、娯楽の一種になったと書いてある。「これは人々がいつまでも話題にし続けるタイプの見世物で、その治療に効果があるかどうかにはまったく関心がもたれない」。

人気の治療法は瀉血(しゃけつ)で、余分な血液を排出することで、体内の4つの体液のバランスが回復すると考えられている。4体液説は、現代医学の伝説的創始者で、「ヒポクラテスの誓い」を書いたとされるヒポクラテスが提唱した理論に由来し、現在も形を変えて残っている。ついでながら、ヒポクラテスについては、(おそらく)紀元前5世紀前半に(おそらく)コス島──現在のトルコ沖にある島――で暮らしていたというほかは、ほとんどわかっていない。

もし病気になったら、癒しの神アスクレピオスに捧げられた多くの聖域を訪ねるほうがいいだろう。ギリシア世界の全域に200ほどのそうした聖域が点在している。アスクレピオスが名を上げるのは紀元前5世紀半ばのことで、そのためパンテオンに加わるのはかなり遅く、オリュンポス山には住んでいない。伝えられるところによれば、もともとは人間の医師だったが、死者をよみがえらせた罰として、ゼウスの雷に打たれた。彼の最も重要とされる聖域はペロポネソス半島の北東海岸の町エピダウロスにある。しかし、そんなに遠くまで行かなくても、ピレウスにも聖域はある。あらゆる種類の病気やけがに苦しむ人たちがそこに集まってくる。あなたはそこで、担架の上に横たわったり、杖をついて歩いたりする数百人もの病人を目にするだろう。人間がこうむる悲惨な状態を、これほどの規模で目にしたことはないのではないだろうか。夜になると、病人たちは聖域のなかのドミトリーで、夢のなかで神が訪れてくれることを期待しながら眠りにつく。

運よくアスクレピオスの訪問を受けられたとしたら、翌日にその夢のようすを聖域の職員に伝えれば、どう解釈すべきか助言してくれる。神はかなり頻繁に患者のもとに現れてくれるらしい。彼の聖域に捧げられた多くの供物や碑文を見るとそれがわかる。これらは奇跡のように回復した患者たちが感謝を込めて奉納するものだ。

あなたには、あらゆる疑念を捨て去ることを強くすすめる。アンブロジアというアテナイの女性が、病気を治してもらおうとエピダウロスにやってきたとき、彼女はばかげた治療法としか思えないものが書かれた碑文を読んで、信じられないといったようすで笑った。その傲慢な態度を罰するため、神が夢のなかに現れて、もし彼女が自分は豚のように愚かだと認め、銀の豚を彼に捧げるなら、病気を癒してやろうと約束した。アンブロジアは神に命じられたとおりのことをした。すると、彼女が自ら碑文に記しているように、病気があっという間に奇跡のように治っていた。

しかし、アスクレピオスの聖域は信仰療法だけを実践しているわけではない。医師たちはその内部で科学的療法を自由に試すことができる。外科医もそこで働いていたことは、聖域の廃墟から外科手術の道具が見つかったことで明らかになった。彼らは胃、頭部、目、子宮などの手術をする。私たちが病気の治療へのふたつの対立するアプローチと思うものの間に、対立意識はほとんどないと言っていいだろう。それどころか、補完的な役割をすると判断されている。

軽い症状への対処のために、薬草、医薬、軟膏（なんこう）をあれこれ自宅に備えておくことをすすめる。ピルに相当するものはないが、確実な避妊方法としては、ノラニンジン（あなたが植物学者なら、学名daucus carotaで知られる）何本かをつぶし、薄めたワインのビーカーに入れる。妊娠を避けるために毛深いクモを足の親指に結びつけるのは――私が出会った多くのアテナイ人女性はその効果を信じていたが――おすすめしない。治療薬を保存しておくテラコッタの壺には、薬の名前を記しておくことを忘れないように。そして、小さな子どもたちの手の届かない棚に置いておくこと！

病気に対処する

最も有名な医療学校はコス島にある。少し前に名前が出たヒポクラテスが設立したものだ。彼の教えを受け継ぐ医師たちは、健康と病気は4つの体液——黒胆汁、黄胆汁、血液、粘液——のバランスで決まるので、そのバランスを正して維持するのが医師の仕事だと信じている。たとえば、体内の黒胆汁が多くなりすぎると、うつを患い、吐剤が必要になる。医師たちは接骨術や手術の仕方も知っている。一般に出産の介助はしないが、最悪の場合に、母親の子宮から死産の赤ん坊を取り出す方法はわかっている。しかしそれは、なんともむごたらしいやり方だ。

ヒポクラテス派の医師たちは、患者の信頼を得るのが何より重要だと考える。薬に頼ることには反対し、自然療法を好む。彼らがよく指摘するように、しばしば自然の作用にまかせるのが一番効果的なのだ。また、彼らは病気の進行について毎日の記録を残すことを好む。たとえ患者が死んでも、その症状を記録しておくことが重要だと考えている。それが将来の治療法の発見を助けるかもしれないからだ。彼らは人間の身体の構造について、まだ自分たちの知らないことがたくさんあると認めている。

ヒポクラテス派の医師たちは、すべての病気が神々によって引き起こされるという考えには猛反対する。ひとりの医師は、今でも「聖なる病」と呼ばれるものについて論文を書いた。

現在、私たちがてんかんと呼んでいる症状である。古代ギリシア人がそれを聖なる病と呼んだのは、その奇妙な症状が神々に刺激されたものに違いないと信じたからだ。しかし、論文を書いた医師は、てんかんは完全に神々とは関係のない病気として説明できることを証明した。彼はそのために、てんかんを発症している子羊の頭蓋骨を切り開き、身体的な異常を示してみせた。

もちろん、神々が病気の治癒にまったく関係しないというわけではない。医師たちは患者に、アスクレピオスに祈るように奨励する。信仰は大きな効果をもちうると理解しているからだ。医師たちが研究のために人間の身体の解剖を許されていたら、医学的知識の大きな進展をもたらしていただろう。しかし、死体に手を加えることが宗教的タブーとされたため、それが実現するのはもっと先の時代まで待たなければならない。

やぶ医者の手にはかからないように注意したほうがいい。やぶ医者はたくさんいる。ヒポクラテスは、医療が金もうけと搾取しか頭にない悪者たちを引きつけるとわかっていた。彼が自分の弟子たちに神々への誓いを立てさせたのは、そのためだ。これは医師たちがギリシアの神々に対して、治療に関する秘密を守ること、手術は本当に必要なときだけにかぎること、患者に対して性的欲望をもたないこと、患者が人生を終わらせたいと望んでも決して毒を与えないこと、などの原則に従うことを誓約するものだった。

ペロポネソス戦争が勃発した直後に、アテナイを襲ったひどい疫病について、少しだけ述べておきたい。その疫病はピレウスで最初に発生し、すぐにアテナイに広まった。地方人口の半分がペロポネソス軍の侵攻から逃れるために都市部へ避難していたために、状況は深刻さを増した。飲み水があっという間に汚染してしまったのだ。

疫病に感染した人たちは、とくに脇の下や脚の間に大きな水膨(みずぶく)れができた。食べたものを消化する前に吐き出した。のどの渇きがひどく、体に触ってみると非常に熱かった。いくらかでも苦しみを軽くするためにできるのは、冷たい水を浴びることくらいだ。通常は、発症から10日ほどで命を落とした。ほんのわずかな人が運よく生き残ったが、大部分は死亡した。ひどく苦しみながら死を迎える人もいた。生き残った人たちは確かに運がよかったといえるが、病気の痕跡が生涯消えなかった。多くが手や足の指を失い、顔が醜く変形した。おそらく人口の3分の1もの人々が死亡した。大勢の医師たちも、献身的に患者の治療をしたことが原因で死亡した。この病気は人間の最良の部分と最悪の部分を引き出した。

人々は道徳についてもう気にかけなくなった。自分でも気づかないうちに死んでしまうのだから、好きなように行動してもかまわないだろうと考えた。もうひとつの大きな問題は、死者の処理だった。死体の大部分は葬儀もしないまま、大きな共同墓穴に埋葬された。

疫病は翌年も、そのまた翌年も戻ってきた。しかし、そのたびに毒性は弱くなっていった。そして、発生と同じくらい突然に消滅した。しかし、アテナイの人々の集団記憶には、暗い傷跡として残っている。

あなたの体に起こること

年齢にかかわらず、さまざまな痛みやうずきに苦しむ覚悟をしておいたほうがいい。何年も前に骨折した足が適切に接骨されなかったために、痛みが消えず、足を引きずりながら歩いているかもしれない。鎮痛薬は存在しないので、ただ笑って耐えるしかない。あるいは少なくとも、ひたすら耐えるしかない。唯一のなぐさめは、誰もが同じ苦しみを味わうということだ。

古代世界では、人々は現代よりも急速に老いていく。要因はさまざまある。たとえば、栄養不足、過重労働、虐待、戦争、環境汚染、衛生の欠如、命にかかわる病気の流行などだ。言い換えれば、人生は不快で、残酷で、短い。

子どもたちはとくに、食料の供給不足の時期——これも頻繁に起こった——には栄養不足になりやすい。栄養不足の影響は生涯つきまとう。ビタミンDの欠乏は、すでに言及したように、男の子より与えられる食べ物が少なくなりがちな女の子にとくに多く、骨の成長を遅らせ、くる病の原因にもなる。

老化は痛みを伴うプロセスでもある。大部分の成人は少なくともひとつは慢性の痛みや障害と闘っている。あなたも気がつけば、けがや病気のために、体にいくつもの傷跡やその他の痕跡が残っているかもしれない。難聴や失明も老化の避けられない結果だが、驚くなかれ、古代ギリシアには補聴器も矯正レンズもない。

あなたが大人になるころまでには、歯の多くは虫歯になり、何本かは抜け落ち、ほかの何本かはすり減って根元だけになっているだろう。歯科医は存在しないが、歯を抜くことに熟練した誰かに抜いてもらうことはできるかもしれない。ただし、熟練といっても、ものすごいスピードで引き抜けるというだけのことだ。

また、危険に巻き込まれるおそれがあるので、つねに警戒を怠ってはいけない。家屋の火災は頻繁に起こる。炉がむき出しで囲みもないためだ。建材として一般的な泥煉瓦は簡単に摩滅し、そのため屋根が崩れ落ちるかもしれない。犬は自由にうろついていて、狂犬病にかかっていることも多い。荷車はよくひっくり返り、通行人を押しつぶす。馬はときおり大通りで急に駆け出し、歩行者をなぎ倒す。医療が確立されていないことを考えれば、足の骨折や肩の脱臼、ひざの骨折のような比較的小さな不運でさえ、一生のけがになるかもしれない。もしそうなれば、仕事生活は終わりになる可能性もある。苦しみを伴うけがをする可能性について、いくらかでもイメージできる数字を挙げるなら、考古学者は古代ギリシア人の遺骨の10パーセントは骨折しており、その10パーセントのうち5人に4人は男性だと計算している。手に入る唯一の人工器官はいわゆる義足だ。木製のもので、足の残っている部分に装着する。けがのリスクが最も高いのは奴隷、兵士、建築労働者たちだ。

このような悲惨な情報ばかりを提供して申し訳ないが、快適な現代世界を離れる前に、知識を得ておいたほうがあなたのためになるはずだ。古代ギリシアで生き残るには、タフで立ち直りが早くなければならない。そこは、不満ばかり口にする人たちに適した場所ではない。しかし、これらの困難を埋め合わせてくれるだけの恩恵もたくさんある。私はあなたがそれらを見つけられることを願っている。

古代ギリシア社会の年齢構造

古代ギリシア人は墓石に死亡時の年齢を記録しておらず、自然人類学、つまり骨の研究からの証拠も多くない。そのため、年齢構造については推測にならざるをえない。すでに述べたように、あなたが出会うのは圧倒的に若い人たちで、40歳以上の人は現代社会に比べて非常に少ない。もしあなたが女性なら、30代半ばを超えるまで生きられるとは思わないほうがいい。あなたが男性なら、おそらく40代半ばで死を迎えるだろう。

古代ギリシアで高齢まで生きるのは、現代世界よりもはるかに偉大な達成だ。ギリシアの風刺作家ルキアノスは2世紀に書いた『長く生きた者』という小論のなかで、彼が知るかぎり80歳以上まで生きたすべての人の名前を記録している。そのリストには女性はまったく含まれないが、女性は公的な活動には参加しないため、注意を引かなかったという事実も考慮に入れるべきだろう。性別による寿命の差は、おもにふたつの要因による。まず、男の子のほうが食べ物を多く与えられる。そして、女の子は初潮からまもなく妊娠する傾向があり、次々と子どもを産む。それが体を衰弱させる。80歳まで生きることは本当に例外的な遺伝子の持ち主であるしるしとみなされる。これもまた古代世界の厳しい現実を明らかにするものだ。

社会構造

古代ギリシア社会の階層

あなたはこれから非常に階層の明確な社会の一員になる。そこは、ほぼ誰もが生涯同じ階級にとどまる社会でもある。上の階級、または下の階級への移動は、比較的めずらしい。この原則の最大の例外は、戦争で捕虜になったり海賊にさらわれたりして、奴隷の身分にされる不運な人たちだ。自由民の間のおもな区分は、富裕層と貧困層の違いである。政治的な用語を使えば、豊かな人と貧しい人は、それぞれ「少数者」と「多数者」として知られる。中間の階級も存在するが、その規模は現代社会と比べれば圧倒的に小さい。

アテナイでもどこでも、貴族階級にはゲノスと呼ばれる氏族グループが多く存在し、相当な政治的影響力をもっている。アテナイが急進的な民主社会で、すべての成人市民が民会で発言する権利をもつにもかかわらず、である。したがって、すべてのアテナイ人は理論的には平等だが、その一部、実際には大多数がより多くの特権をもつ。

階級に基づく偏見についてはすでに語ったが、その結果として貴族階級は貧困層をかなり見下している。民主的だと公言している社会に、これほどの偏見が根づいているというのは、大きな矛盾のひとつだ。非貴族階級が10年ほど前に政治の世界で頭角を現し始めたとき、彼らはその卑しい出自のために、多くののののしりに耐えなければならなかった。

どの基準に照らし合わせても、アテナイは自由な社会である。しかし、どの自由な社会もそうだが、自由にも限界はある。プリュニコスという劇作家が、ペルシア軍によってミレトス（現在のトルコ海岸部の都市）が破壊されたことに基づく演劇を書いたとき、アテナイ人は彼に罰金を科した。「自分たちの災いを思い出させた」という理由からだ。アテナイはミレトスの同盟国だったのだ。また別の例を挙げれば、プロタゴラスというソフィストはアテナイから追放され、著作のすべてが燃やされた。彼が神々の存在に疑いを呈したからである。何よりひどい例は、それから20年ほどあとに、アテナイの陪審員団がいくつかの罪名によりソクラテスに死刑を宣告することだ。彼の罪には「若者を堕落させた」というものも含まれる。それは、若者たちの頭に知識を注ぎ込んだことを意味していると思われる。

それでも、あなたはきっと古代ギリシアのどこか別の町に行くよりも、アテナイで暮らすほうを選ぶのではないかと思う。間違いなく、スパルタには住みたくないと思うだろう。スパルタの標語であるエウノミアは、「法に従う」を意味する。それはまあ、文句のつけようのないことだが、裏を返せば完全な抑圧にほかならない。スパルタではあらゆる形の反対意見が検閲される。

この町を訪ねるときには、君主制や社会制度、憲法、あるいは支配体制のどの側面についても批判してはならない。スパルタは同時に、二重の君主制をもつという点でも特異な都市国家だ。このポリスには異なる王家から出たふたりの王がいる。

富裕層の暮らし

贅沢というものはないに等しく、たとえ裕福だったとしても、私たちが快適と呼ぶような暮らしとはほど遠い。しかし、貧困層に比べれば、かなりよい食生活ができる。一例を挙げるなら、魚や肉を毎日食べることができる。これは大きな違いだ。

古代ギリシア世界での富は、贅沢というよりは、これみよがしの浪費に表される。資力があっても流水を利用することはできず、熱源はむき出しの炉か、持ち運びできる火鉢だけ、照明は動物の脂肪かオイルを燃料にするランプしかない。贅沢のひとつは、テラコッタ製の浴槽に井戸か貯水槽からくんできた水を入れ、炉の火で温めたお湯で入浴できることだろう。もうひとつは、床に敷いたイグサのマットの上ではなく、木製のベッドで寝られることで、マットレスに相当するものをロープで支えている。

あなたが富裕層なら、貧しい人たちよりも大きな家で暮らせるのは間違いない。おそらくは相続した家だ。妻、母親、娘たちは、ギュナイコニティス（女性の区画）と呼ばれる部分で生活する。二階建ての家であれば、二階が女性たちの領域になるかもしれない。あなたの家にはアンドロン（男性の区画）もあるかもしれない。シュンポシオンで客をもてなすための場所だが、ギュナイコニティスと違ってすべての家に必ずこの部屋があるわけではない。

お金で買えるものはあまり多くない。装飾された陶器一式を所有し、シュンポシオンで使うためにしまっておく。これにはいくつかの盃（さかずき）、ワインと水を混ぜるための鉢、水差し、ワインクーラーなどが含まれる。器の多くはシュンポシオンの光景を描いているか、神話に基づいたデザイン、あるいは日常の風景を表現したものもある。もしあなたがアテナイで死亡すれば、おそらくこれらの上等な陶器も一緒に埋められるだろう。とくに、死後の生活が、つらい二日酔いを経験することのない長い酒宴のようなものだと信じるのであれば――楽観的な人たちはそう信じている――陶器の副葬品は重要だ。

あなたはおそらく、都市から郊外に続く主要道路のひとつに、一族の墓を所有する。理想を言えば、通行人から最大の注意を引くような一等地が望ましい。しかし、裕福な土地所有者であれば、自分の土地の一画が墓所になる。

馬車の御者

もちろん、奴隷もお金で買えるもののひとつだ。奴隷なら好きなだけ買える。

最も高価な贅沢品のひとつは競走馬だろう。すでに何度か述べたように、ギリシア世界では馬はそれほど実用的な使い道がないが、究極のステータスシンボルではある。現代世界でたとえるなら、プライベートジェットを所有するに等しい。馬はA地点からB地点への移動のためではなく、娯楽のために乗る。アルキビアデスという名のアテナイの将軍は、オリュンピア競技祭の4頭立て馬車競走で、1位、2位、4位を獲得して名声を得る。

劇作家、あるいは歴史家、そうでなければ哲学者の作品が記された巻き物を手に入れることを考えてもいいかもしれない。巻き物はエジプトから輸入しなければならないパピルスに書かれるために、非常に高価だ。だから、あまり多くは買えないだろう。また、私たちが書斎と呼ぶ部屋をもっているのは、ほんのひと握りのアテナイ人だけだ。公共の図書館と

馬と騎乗者

いう概念が伝えられるのは、ローマ人がやってきてからのこととなる。

あなたが大金持ちなら、アテナイの多くの「レイトゥルギア」のひとつを務めるように声をかけられるだろう。これは文字どおりには「公共奉仕」を意味する。たとえば、三段櫂船奉仕者（トリエラルコス）になる（船の装備の費用を負担し、航海ができるように維持する）、体育練習場奉仕者（ギュムナシアルコス）になる（体育練習場の設備と管理、とくにアスリートが練習後に体をきれいにするために使う大量のオリーヴオイルを提供する）、合唱隊奉仕者（コレゴス）になる（喜劇や悲劇の上演にかかるすべての費用を負担する）などがある。レイトゥルギアになると、アテナイの他の大金持ちと競争することになる。公共奉仕にどれだけ費用をかけるかは、完全に自分次第だからだ。あなたがまだわかっていないといけないのではっきり述べておこう。あなたの財産の最も重要な使い道のひとつは、恥知らずな見せびらかしなのである。

あなたがすることといえば、それくらいだ。仕事と呼ぶような活動は何もしない。ただ、１００人ほどの奴隷を雇って銀鉱山を運営したりはするかもしれない。しかし、おそらく自分で動くよりは、信頼できて教養のある奴隷に事業の監督をまかせることになるだろう。自分のユリのように美しい手を、お金で汚したくはないはずだ。前述したニキアスという将軍は奴隷を１０００人所有し、奴隷ひとりにつき１日１オボロス（１ドラクマの６分の１）で銀鉱山の労働力として貸し出した。そして、自分の事業をまかせる奴隷には、１タラントン（６０００ドラクマ）という大金を支払った。

富裕層は息子が結婚する年齢になると、別の裕福な家族と交渉し、たっぷりの持参金とともに来てくれる花嫁を確保する。ただし、息子がその花嫁より先に死ぬか離婚すると、持参金は実家に返却される。

貧困層の暮らし

驚くことではないが、貧しい人々の暮らしについてはほとんど何も耳に入らない。文字の記録を残すエリート層は、貧しい人々の生活に興味がない。しかし、ひとりのアテナイ人として、かなり快適な暮らしをするために大金は必要ない。それは奴隷制のおかげでもあり、アテナイという帝国のおかげでもある。帝国は市民にとって、とくに貧困層にとって、豊かさの源泉になる。貧困層は船の漕手や陪審員として働くことで、国から報酬を得られるからだ。

貧しい女性の多くは自営業に就いている。紀元前4世紀の弁論家で政治家のデモステネスは、「奴隷のような卑しい職業」に就かざるを得ない女性たちの窮状を嘆いている。乳母や織子やブドウ摘みなどの職業だ。彼女たちは深い同情と尊敬に値する。危険に満ちた生活を強いられていることと、それに立ち向かう勇気のためである。

病気やけがの危険が多いこと、人生の不確かな状況を考えれば、アテナイ人の多くは男性も女性も親類を頼らざるをえない。しかし、苦境に陥ったときに頼ってくる親類を快く思う者がいるとしたら、驚きでしかない。

奴隷の暮らし

奴隷の暮らしぶりは、多くの要因に左右される。まず、奴隷の身分に生まれたのか、それとも奴隷にされたのか？　もともと奴隷の身分なのであれば、以前は自由民だった奴隷よりも厳しい扱いを受けるだろう。ホメロスの『オデュッセイア』では、自由民の乳母エウリュクレイアと、自由民の豚飼いエウマイオスが、どちらもいまや奴隷の身分になっているが、主人からの尊敬と愛情を受けている。

船長、管財人、会計士、銀行家などとして働く、「外暮らし」と呼ばれる奴隷たちもいる。古代ギリシア人はお金を直接扱うことを毛嫌いし、そのため奴隷に財務をまかせる。アリストテレスが金融業を最もいまわしい生計の立て方とみなしたのは、それが理由だ。その家の男の子が外出するときにつき添う、パイダゴゴスと呼ばれる乳母や、その他の家内奴隷は、それに次いで好待遇だ。何より彼らは信頼され、子どもたちの生活の安全をまかされるからである。その家の主人か女主人が所有する奴隷がひとりだけであれば、料理係、洗濯係、乳母、番人、さらには送迎係、運搬係の役割をひとりですべてこなす。奴隷の身分の階層をさらに下ると、農作業をする奴隷がいる。農作業における奴隷の労働力の規模についてはわからないが、かなりのものだろう。最悪の扱いを受けるのは、採石場や鉱山で肉体を酷使する労働をする奴隷たちだ。過酷で危険で、不健康な環境のなかで長時間働かなければならない。ひどいけがをすることも多く、大半が数年もすると文字どおりバタンと倒れて死んでしまう。

奴隷を守る法律というものはない。あなたが彼らを虐待しても罰せられない。しかし、奴隷が重罪を犯した場合を除き、彼らを殺すのは違法である。しかし実際には、反抗的だったり手に負えなかったりする奴隷を、罪を明るみに出さずに殺してしまうのは、とても簡単だ。最大の抑止力となるのは、自分の所有する奴隷を殺してしまえば、大きな損失になるということだ。肉体的な罰を与えるのはめずらしくなく、ごく当たり前に行なわれていると考えられる。クセノフォンによれば、次のような見解を述べたのは――よりにもよって――ソクラテスだったという。「主人は奴隷が逃亡しないよう鎖につなぎ、怠けさせないように鞭打つものではないのか？　私は彼らを従わせるために、あらゆる種類の罰を使う」。

奴隷はギリシア世界のどこにもいるが、全体の人数の推測は幅が広い。クセノフォンが考える理想的な比率は、市民ひとりに対して奴隷3人だった。これは間違いなく誇張だが、奴隷の数が市民を2対1くらいで上回ることは想像できなくもない。クセノフォンは国が奴隷を所有すべきだと考えていた。実際に、アテナイには少数ながら、国が所有する公共奴隷がいる。たとえば、国の死刑執行人は奴隷である。

奴隷の存在しない世界を想像できる場所がひとつだけある。それは、空想的な喜劇のなかだ。

演劇の登場人物が、技術が発展し、奴隷がもはや必要とされない社会を想像する。人々が「テーブルよ、食事の準備を整えよ」とか、「魚よ、裏返しになり、背中を焼くがよい」という言葉をかけるだけで、それが現実になる。だが、あなたが古代ギリシアにいる間に、そうした生活が実現する可能性はまずない。

最後に、ほんのひと握りの奴隷たちが、自由を勝ち取ることができる。そのひとりがパシオンで、主人のための銀行家として働いている。

アテナイの多様性

アテナイと、とくにその港町であるピレウスには、メトイコイと呼ばれる在留外国人が数千人は住んでいる。もちろん、これがあなた自身の身分だ。

重要なこと。あなたは到着から1か月以内に、筆頭アルコン（任期1年の執政官）にメトイコイとして登録してもらわなければならない。それを怠ると、国外追放されるか、最悪の場合には奴隷にさせられる。

メトイコイの大多数は港湾都市に住む。したがって、あなたはアテナイよりピレウスに住むほうが快適に感じられるかもしれない。最も有名なメトイコイ、というよりは将来的に有名になるのはアリストテレスで、ギリシア北部のスタギラに生まれ、アレクサンドロス大王の家庭教師となる。メトイコイはギリシア語圏のあらゆる地域からやってくる。ポントス（黒海沿岸）、イオニア（現在のトルコの西海岸部とその沖合の島々）、トラキア（現在はギリシア、ブルガリア、トルコに分かれている）、エーゲ海の島々、エジプト、フェニキア（現在はレバノンとイスラエル北部に分かれている）、イタリア南部とシケリア島（現シチリア）などだ。彼らは資産を所有できないが、自分たちの崇拝する神々の信仰集団の結成を申請することができる。メトイコイとして税を払わなければならず、男性ひとりにつき月当たり1ドラクマ、女性は半ドラクマだ。税を納めれば、アテナイに好きなだけ滞在が認められる。多くのメトイコイは製造業や商業に従事する。女性のメトイコイはヘタイラとして身を立てることもある。客たちから異国的とみなされ、それに応じた報酬を得る。

この大きなメトイコイ人口がなければ、アテナイはうまく機能しないだろう。アクロポリスにあるポセイドン・エレクテウスに捧げるエレクテイオン神殿の会計簿には、個々の職人に支払った報酬額がリストにされているが、そのおよそ半分がメトイコイだ。アテナイ人は愚かではない。彼らは自分たちの繁栄がメトイコイ人口の活力と事業に依存していることに気づいている。流入するメトイコイの数を制限しなかったのは（あるいは壁を建設することで彼らの流入を食い止めなかったのは）そのためだ。

アテナイの歴史における暗黒の時代――ペロポネソス戦争での敗北後、いわゆる30人僭主に支配され、民主政が中断された時代――を除けば、メトイコイが差別に苦しんだという証拠はほとんどない。それどころか、彼らは法律による特別な保護を受けている。もしメトイコイが苦境に陥れば、「プロクセノス」の援助を求めることができる。メトイコイの後援者、保護者として行動するアテナイ市民のことだ。どの外国人コミュニティにも、必ず専任のプロクセノスがいる。残念ながら、21世紀から来た在留外国人にはこのような後援者が割り振られないので、あなたはひたすら面倒に巻き込まれないようにするしかない。

メトイコイとアテナイ市民の結婚は奨励されない。その結合によりできた子孫は、市民権を得られない。しかし、アテナイ人とメトイコイが共同生活を送ることはよくある。ペリクレスはミレトス出身のヘタイラとしてひときわ尊敬を集めるアスパシアと一緒に住んでいた。彼女は実際には、紀元前5世紀のアテナイで暮らした女性のなかで、唯一ある程度詳細にその人柄がわかっている女性である。ほかには、ぼんやりとでもその人物像がわかっているアテナイの女性はいない。

アテナイはメトイコイを受け入れる唯一のポリスではないが、これほど多くのメトイコイ人口を抱えるポリスはほかにない。スパルタは外国人の居住はおろか、その領土内に入ることさえ防止している。それも驚くには値しない。スパルタ人は極端な外国人嫌いなのだ。もしあなたがスパルタを訪れるつもりなら、町中でひどく目立つだろう。私からは、アテナイにとどまることをすすめる。

政治

アテナイ市民であることは何を意味するか

市民権とそれに伴う義務は、現代に比較できるものがない。第一に、古代ギリシアは国民国家ではなく、国でさえない。その意味で言えば、あなたは結局のところ、ギリシア市民ではない。そこに住む人々はアテナイ人、スパルタ人、コリントス人、マケドニア人などで表される。つまり、人々がまず忠誠を果たすのは自分のポリスに対してだ。あるいは、マケドニア人であれば、王への忠誠ということになる。とはいうものの、特定の目的のためには、他のギリシア人と一体になるだろう。ヘロドトスの『歴史』に登場するある話者はギリシア人の定義を、同じ言語を話し、同じ神々を崇拝し、同じ血をもつ者としている。これほどわかりやすい定義はない。

英語のGreek（ギリシア人）は、ラテン語のGraeciを語源とする。これは、ローマ人がのちに、「ヘレネス」と自称する人々を指して使う言葉だ。Graeciは実際には、イタリア本土に入植した少数の人々の呼び名でしかない。ギリシア人が自分たちを表すために使ったことは、今に至るまで一度もない。

アテナイ人の父と母から生まれた者は、アテナイ市民となる。男の子であれば、誕生からまもなく、彼が属することになるフラトリア（兄弟団）と呼ばれる市民グループに父親が紹介する。英語のfraternal（兄弟の）という語は、このフラトリアを語源とする。父親はアポロン神に捧げるアパトゥリア祭の間に、自分のフラトリアのメンバーの前で、息子がアテナイ人の父とアテナイ人の母の正統な子孫であることを宣誓する。息子が18歳になると、父親は再び息子を紹介する。このときには、フラトリアのメンバーが息子の正統性について票決する。そのテストに合格すれば、息子は晴れてデモスに保管されている登録簿に市民として登録され、正式な名前は「デモスZのYの息子であるX」となる。つまり、市民権を協議し、市民名簿を管理するのは、国ではなくフラトリアとデモスということだ。

碑文

これをもって、その息子は、あるポリスの、あるデモスの、あるフラトリアの一員になる。ほかには？　そう、アテナイの市民が分割される10ある部族のひとつの一員にもなる。この10部族制は紀元前6世紀の終わりごろに、政治家のクレイステネスが確立したもので、それほど古い制度ではない。実際のところ、かなり人工的な区分だ。しかし、これが市民に関する行政上のすべての区分の基礎を形成する。アテナイ人は同じ部族の仲間とともに戦い、劇場では彼らと並んで座り、500人評議会でもともに奉仕する。市民としての役割を完全に果たすには、読み書きができなければならない。市中にはあらゆる場所に公報が張り出される。民会の決定を記録したものもある。

女性は男性と同じ意味では、市民ではない。娘は息子のような精査を受けない。ただし、アテナイ人として登録されるためには、アテナイ人の両親の正統な子孫でなければならない。その決定の仕方は謎に包まれている。女性はフラトリアにも属さない。しかし、もし貴族階級であれば、高貴な氏族グループであるゲノスに属する。ゲノスに属するアテナイ人はほんの少数しかいないが、政治の舞台ではこうした氏族グループが重要な役割を果たす。次はそれについて見てみよう。

政治の世界

年齢に関係なく、すべての市民が政治への参加を期待される。ペロポネソス戦争の最初の年、ペリクレスは戦死した兵士を称える演説でこう述べた。「われわれは、政治に参加しない男を、自分のことしか考えない人物ではなく、何の役にも立たない人物とみなす」。「何の役にも立たない」というのは、市民が果たすべき責務を避けようとする者への軽蔑を表す言葉だ。

アテナイの成人男性は、民会に参加し、議論されるすべての問題に投票することが認められる。というより、そうするのが当然とみなされる。民会は月に4回開かれるが、急遽召集がかかって開催される例外的な会もあったようだ。民会はアクロポリス南西のプニュクスの丘で、屋外で開かれる。初期の民会はアゴラで開かれていたが、人口が増えるに従い、全員をそこに集めるには狭くなってしまった。

民会の議題は500人評議会で決められるが、市民なら誰でも検討すべき議題を提案できる。500人評議会の評議員は毎年くじ引きで任命される。理論的には、都市国家アテナイの元首は評議員長だ。「エピスタテス」の文字どおりの意味は「監視する者」で、要するに監督官である。しかし、エピスタテスは日替わりで交代するので、完全に名目上の役職にすぎない。最も重要な国の役人は9人の執政官で、やはり毎年くじ引きで決められる。アルコンの職務はいくつかに分かれ、筆頭アルコン（アルコン・エポニュオスと呼ばれ、「○○のアルコンの年」というように、その人物の名で年を表す）は、多くの役割のなかでもメトイコイに関する事柄に携わる。バシレウス（王のアルコン）は宗教的儀式を執り行なう。6人のテスモテタイ（法務官）は法廷をまかされ、また、演劇祭でどの作品を上演するかを決める。そして、ポレマルコス（文字どおりには戦争執政官）と呼ばれるアルコンが、軍の名目上の指揮官となる。

しかし、実際に軍事遠征の指揮を執るのは、ポレマルコスではなく10人のストラテゴス（将軍）だ。彼らは民衆の投票で選ばれる数少ない役人である。アテナイ人は誰でも、日常的な政治の舵取りをほかの誰とも同じようにうまくこなせるとされるが、軍事遠征の指揮官になる者には専門知識と経験が求められる。

1年に1度、市民は陶片追放（オストラキスモス）を実施したいかどうかをたずねられる。もし賛成票が多ければ、その後、すべての市民が、10年間国外に追放したいと思う個人名を陶片（オストラコン）に記入する。陶片は最も一般的な筆記道具だ。これが、英語のostracism（オストラシズム）という言葉の語源となった。文字どおりには、「陶器の破片に記録された票」を意味する。この手続きは、ふたりの政治家が意見を対立させ、議論が先に進まないときに実施される。陶片追放により、ふたりのどちらかを政治の舞台から排除することで、行き詰まりを打開するのだ。これは処罰というよりも人気コンテストに近い。

信仰と儀式

死をどう扱うか

あなたがアテナイに到着してすぐに気づくのは、死が至るところに、目に見える形で存在することだろう。現代社会の多くの人は、めったに死体を目にしない。古代ギリシアでは頻繁に、家でも通りでも死を目にする。死体を埋葬場所まで運ぶ途中、人々の目にさらす習慣があるためだ。あなたは現代社会にいるときよりも、病気や事故、あるいは敵対関係の結果として死を迎える可能性がずっと高い。同様に、親兄弟や親しい友人を子どものころ、あるいは青少年期に亡くす可能性も、現代社会よりはるかに高い。それによって、身近な人たちへの愛情のもち方に影響が出ることもあるのだろうか？　おそらくそんなことはないだろうが、私には断定できない。ヘロドトスは、息子が幼少期を生き延びるまで父親に密接な接触を避けさせるペルシアの習慣を称賛した。息子が死んでしまったときの父親の悲しみを軽減できるからだ。これは、ギリシア人の父親が確かに自分の幼い子どもたちに深い愛情を寄せていたこと、またペルシア人の父親たちも、もし許されるならそうしていただろうことを示唆する。

女性は出産時に命を落とす危険が大きい。本人たちと家族の不安は、出産の前にも最中にもアルテミス女神に祈り、必死にこの女神をなだめようとする努力からも明らかだ。処女神のアルテミスは、性行為には敵意をもつからである。

病院も高齢者施設もホスピスもないので、死が訪れる場所は戦場、あるいは大多数の場合に自宅となる。葬儀屋と呼べるものはないが、死体を埋葬場所まで運ぶ「はしご運搬人」を雇うことはできる。死者の埋葬の準備をするのは家族、とくに女性の役割だ。死者の体を洗い清め、家のなかの寝椅子または架台の上に安置する。

この儀式はプロテシス（安置の儀式）として知られる。部屋は花綱で飾られ、その香りに満たされる。小さな子どもを含む、あらゆる年代の人々が集まり、うめき声を出したり嘆いたり泣いたりする。死体に触り、愛撫し、口づけするのも普通に行なわれる。悲しみのあまり陶酔状態になる人もいて、自分の髪をかきむしったり、胸を激しく打ったりする。多くの人は、それが死者を喜ばせると信じている。ホメロスは『イリアス』のパトロクロスの葬儀の場面で、参列者は「パトロクロスを口実にして」泣いているのだと告げる。つまり彼らは実際には、自分が失った別の大切な誰かのために泣いているのだ。このようなときに別の死者を思い出すのは間違ったことではない。

プロテシスの儀式の間、死者は白い埋葬布で覆われるが、顔は出したままにする。黄金の葉の冠をかぶせることも多い。あごが垂れ下がらないように亜麻のひもで結び、死者の唇の間にオボロス硬貨をはさむ。死者が川の渡し守カロンに払う1オボロスが必要なのだ。わずかばかりの額だが、カロンが運賃を受け取らなければ、死者は冥界ハデスに入ることができない。その場合、死者はハデスを取り巻いているステュクス川の土手を数百年も行ったり来たりしなければならない。それは、死よりも過酷な運命とみなされている。

前述のソロンは、プロテシスは1日だけで終わらせ、翌日の夜明け前に遺体を埋葬地に運ばなければならないと規定した。それ以前には、悲しみの期間に制限はなかった。ソロンの意図

死者を取り囲んで嘆き悲しむ人々

は、残された人たちが葬儀を政治的に利用し、自分たちの富、名声、政治力に注意を引くのを防ぐことだった。

遺体はおそらくはそのために特別に雇われた荷車で、埋葬場所に運ばれる。ミアズマと呼ばれる汚染を引き起こすことが恐れられたため、死者を市の城壁の内側に埋葬することは禁じられている。死者と接触する人たちが神域や他の公共の場所に入るのを1か月かそれ以上禁じるのは、この汚染が心配されるからだ。

死者の多くは市の門の外の道路沿いに埋められる。それが、死が目につきやすいもうひとつの理由だ。墓碑には通行人の注意を引くような碑文が刻まれることが多く、おそらくは故人の短い経歴を記してある。アテナイでは、最も権威ある埋葬地はケラメイコスだ。すでに述べたように、ケラメイコスは市の西側の城壁のすぐ外に広がっている。そこを通る道路の両側に墓碑が並ぶ。堂々とした墓の保護壁には高さ5メートルほどのものもあり、最も格式高い家の墓所であることを示す。現代のマウソレウム［亡くなった高名な指導者のために建てられる霊廟］と同じような役割を果たしている。

アテナイでは土葬と火葬の両方が可能で、唯一の区別は、木材が高価なため、火葬できるのは富裕層に限られるということだ。死者を冥界に送り出すには副葬品も不可欠で、最も人気の副葬品は彩色された壺である。この目的のために使われる最も一般的な壺は、レキュトスと呼ばれるオリーヴオイルの保存容器で、高さ45センチほどでそれほど大きくはない。レキュトスにはしばしば、哀悼者が死者に供物を捧げる場面や、葬儀で敬意を表している姿が装飾として描かれる。白地に、しばしば印象派のスタイルで彩色される。

墓を描いたレキュトス
（オリーヴオイル保存容器）

墓では埋葬の儀式をしない。祈りの言葉が唱えられたとしても、それについては何もわかっていない。宗教的儀式が欠如している理由は、神々が汚染されるのを恐れ、細心の注意を払って死と死者を避けたからだ。そのため、神官は死者を出した家に入ることも、プロテシスに参列することも、埋葬に立ち会うことも禁じられている。

男性であれば、遺言書の作成を忘れてはいけない。女性は財産を所有しないので、遺言書を書くことはできない。遺言書の作成は複雑な手続きではない。なぜなら、すでに見たように、法律によって財産は息子（たち）に相続させることが義務づけられているからだ。実子か養子かを問わず、子孫がいなければ、自分の財産を誰でも好きな相手に譲ってかまわない。ただし、デモステネスが引用した法律によれば、その判断が「狂気、認知症、薬物、病気、あるいは」——これが注目すべき点だが——「女性の説得」によって、歪められたものであってはならない。女性たちの信頼性や知性への低い評価を考えれば、アテナイ人がお金に関することでは女性を信用して

神々からの予兆を解釈する

神々が与える予兆を読み取る能力は、特定の家系に代々受け継がれる。もしあなたの父親が予言者なら、あなたも予言者になる可能性が高い。予言者は自らを予言の神であるアポロンの子孫とみなす。これは熟練の職業で、神託の内容を正しく解釈しなければならない。神託には神々の世界から人間に送られる隠れた知識も含まれる。ほとんどの神託はあいまいで、意図的にミスリードするものもある。たとえば、リュディアのクロイソス王が受け取った神託は、もし王がペルシアを攻撃すれば、偉大な帝国が倒れるだろうと告げるものだった。王は神がどの帝国を意味したのかをたずねることを忘れ、自分の帝国を滅ぼすこととなる。

ペルシアのクセルクセス王がギリシアへの軍事遠征の準備をしていたときに、アテナイ人は「木の砦を信頼する」ようにというデルフォイの神託を受け取った。予言者たちはこれを、アクロポリスを取り囲む木製の古く粗末な柵を意味しているのだと解釈した。結果として、それを守ろうとした大勢の信心深いアテナイ人がペルシア人に虐殺された。

アポロン神が「木の砦」で本当に意味していたのは、アテナイの艦隊のことだった。木の砦は船の隠喩なのだ。どんな愚か者だって、それを解き明かせたはずだ。ペルシア軍はアテナイ軍よりはるかに強く、文字どおりの木の砦が侵略者を追い払えるはずなどなかったのだから。ペルシア軍はアクロポリスの神殿を焼き払い、そこに生えていたオリーヴの木を切り倒した。そのオリーヴの木はアテナ女神の象徴だった。しかし、奇跡のように、その木は翌日に新しい芽を出したという。

「木の砦」の本当の意味に気づいたのはテミストクレスだった。彼の指揮のもと、アテナイ軍は海上でペルシア軍と戦い、驚くべき勝利を飾った。

神託を解釈するには、間違いなく知性が必要となる。アポロン神が答えを皿の上に載せて手渡してくれるわけではない。デルフォイの聖域を取り囲む壁の上に「汝自身を知れ」の言葉が刻まれたのには理由がある。要するに、予知能力があっても、それを理解する知力がなければ意味がないということだ。オイディプス王の物語を考えてみてほしい。彼が生まれたとき、アポロン神は彼の両親に、オイディプスは自分の父親を殺し、母親と結婚する運命にあると告げた。当然ながら、両親は反社会的な怪物を育てるという考えに恐れをなす。そのため、彼らは使用人に赤ん坊を人けのない場所に捨ててくるように命じた。しかも、生き残る可能性がゼロになるように、足首に釘を打ち込むようにさえ言った。しかし、使用人は赤ん坊をかわいそうに思い、遊牧民の羊飼いに手渡し、その羊飼いがコリントスの王と女王、ポリュボスとメロペのところに連れていく。子どもがいなかった彼らは、その赤ん坊を養子にした。

オイディプスが成長すると、どこかの酔っぱらいが、彼は王と女王の息子ではないと教えた。そこで、オイディプスはデルフォイへ行き、アポロン神に自分の本当の両親が誰かをたずねた。アポロンは最初の予言を繰り返すだけだった。まだポリュボスとメロペを自分の両親だと信じるオイディプスは、自分の運命から逃れようと、コリントスには近寄らないことにした。道中、彼は進路をふさいでいる老人とその侍者に出会った。彼は老人と、ひとりを残してすべての侍者を殺し、道を先へ進んだ。すると今度は、自分の進む道にスフィンクスが立ちふさがっていた。スフィンクスは人間の頭部にライオンの体を持つ生き物だ。スフィンクスは彼に、「朝は4本脚、午後は2本脚、夕方には3本脚になるものは何か」と謎解きを挑んだ。答えは人間だ。赤ん坊のときは手足をついて這い進み、年をとると杖をついて歩く。オ

会話を交わすオイディプスとスフィンクス

イディプスは正しい答えを出し、テーバイに到着する。そこでは驚くなかれ、女王がつい最近、未亡人になっていた。彼が真実に気づくのは、自分がけがれた殺人者だったために疫病を引き起こしたときだ。

危機が起こると、予言者の需要がおおいに高まる。ペロポネソス戦争が勃発する前には、誰もがこの戦争がどれほど長く続くか、どちらが勝つか、自分の家族に何が起こるのかなどを知りたがった。ペリクレスが地方の住民すべてを市内に避難させる計画を実行したときには、多くの予言者が、どんな状況におかれても、アクロポリスのふもとを取り囲む空き地は誰も占拠してはならないという神託を告げた。しかし、その空き地は占拠され、数か月後には深刻な疫病が蔓延した。神託を無視するのは、悲惨な出来事を自ら引き寄せるに等しい。そして、予言者がこれくらい重要な神託を正しく解釈するときには、誰もが姿勢を正し、注目し、その予言者の助言を求める。

予言者は一般市民として民会で発言するだけだが、それでも影響力は大きい。多くの将軍が遠征に出るときにはそばに予言者をおき、犠牲にした動物の臓物や、神々から送られる他の予兆の解釈を手伝わせる。勝利は、軍事戦略と戦術が優れているだけでなく、神々の意志を正しく解釈する結果としてもたらされる。

しかし、神々からのお告げにあまりに依存しすぎれば、混乱に陥るかもしれない。あなたが古代ギリシアにやってきて数年後、アテナイはシケリアへの軍事遠征のために3人の将軍を任命する。最も上級の将軍はニキアスだ。彼は必ずしも快活ではないが、信頼はあつい。彼にはふたりの将軍、ラマコスとアルキビアデスがつき従う。しかし、ラマコスはシケリア到着後まもなく病気で死亡し、アルキピアデスは脱走してスパルタに逃亡する。そのため、ニキアスが単独で指揮を執ることになる。それは控えめに言っても、気の毒なことだった。なぜなら彼はそもそもシケリア遠征には反対していたからだ。彼は非常に信心深く、神々からの予兆を強く信じている。

この神々からの予兆を信じる揺るぎない態度が、最終的に彼に破滅をもたらす。アテナイ全軍の壊滅的な敗北である。シケリアで最も強力なポリスであるシュラクサイ占領に失敗したあと、月食のためにアテナイ軍は撤退が27日間遅れる。ニキアスの予言者が神々からの予兆を動かずにいろというお告げと解釈するからだ。その間にシュラクサイはアテナイの艦隊を封じ込めるために港の入り口を包囲する。ニキアスがようやく撤退命令を下すときには、陸路で退避するしか選択肢がなくなっている。このときまでに、彼の部下たちは病気や疲労で衰弱しており、戦う力は残っていない。これが、あなたの到着から数年後のアテナイを待ち構えている運命だ。

いないとわかっても驚きはしないだろう。年をとるにつれ抑圧的で不寛容になっていったプラトンは、『法律』のなかで、女性を「生まれながらにして、人目を気にし、隠し事の好きな性」と表現している。

しかし、ちょうどよい機会なので、ここで、すべてのギリシア人男性が女性を低く評価していたわけではないことを簡潔に記しておきたい。ソフォクレスはアンティゴネを完全に男性と同等の女性として表現したし、男性に負けないほど有能で力強い女性登場人物もいる。

死後の世界

古代ギリシア人は、ほぼ誰もが同じ場所で終わりを迎えると信じている。ハデスと呼ばれる死者の王国である。そこは、その名のとおりハデス、あるいはプルトの名をもつ神とその妻ペルセフォネが支配する。ハデスに入るにはステュクス川を渡らなければならない。すでに述べたように、渡し守のカロンが1オボロスの運賃と引き換えに、対岸まで舟で運んでくれる。

ハデスは暗く、じめじめして、吹きさらしの場所だ。この雰囲気を最もよく表すのは、「濃縮されている」という言葉だろう。あなたがプラトンの弟子であれば別だが（あなたがやってきたときに彼はまだ15歳で、プラトンでさえそこまで早熟だったはずはない）、あなたは死後の審判について心配する必要はない。善良な人たちのための「天国」に相当する場所も、悪人のための「地獄」に相当する場所もない。ただし、あなたが戦士として不朽の名声を勝ち取れば、理想郷のエリュシオンか、生活に何の心配もないブレスト島へと漂っていくだろう。あるいは、何か本当に神々を怒らせることをしでかせば、ハデスよりさらに下にある拷問の地タルタロスへ送られる。タルタロスの住人のひとりはタンタロスで、彼は神々に捧げる食事の鍋に自分の息子ペロプスを入れて提供した。愚かな神々は、人間の肉を食べていることに気づかないだろうと思ったのだ。デメテルが人間の肩の骨に気づき、この無礼な企みを暴いた。それゆえタンタロスは、ブドウと水が彼の手の届かないところへ遠ざかって、永遠に「じらされる（tantalized）」罰を与えられた。

　多くの古代ギリシア人が、ミュステリオンとして知られる秘儀を経験する。この儀式では一般大衆は排除される。英語のmysteryは、「儀式への参加」を意味するギリシア語の「ミュステス」を語源とする。人々はこの入信の儀式を受ければ、ハデスで恵まれた生活を送れると信じている。しかし、秘儀が具体的にどのような構成なのか、どんな幸運が期待されているのかは、言ってみれば、完全なミステリーだ。これらの秘儀のなかでもとくに有名なのが、アッティカの西海岸にあるエレウシスで行なわれているものである。エレウシスの秘儀には、ギリシア世界全体から参加者が集まる。その人気はのちに、初期のキリスト教徒にとって深刻な脅威となる。彼らは乱交の隠れ蓑（みの）になっているというもっともらしい口実で、この聖域を破壊する。

　死者はハデスに入ったあとも、生きている者たちを頼り続け、痛ましいほどに彼らの注意を引こうとする。そう、注目を浴びるのを好まない者などいるだろうか？　忘れられたいと願う者などいるだろうか？　親類が食べ物や飲み物、その他の供物を持って、定期的に墓参りをするのはそのためだ。実際に、生者と死者の間の絆は強いまま変わらない。アテナイ人も、おそらく他のギリシア人も、やがてハデスで愛する者たちと再び一緒になれると信じているが、そのじめじめとして暗い世界で永遠に何を一緒にするかについては、誰にもわからない。それでも、家族の絆が保たれれば、陰の存在でいることの多少のなぐさめになる。しかし、ハデスで敵と遭遇したときの心構えもしておかなければならない。オデュッセウスが冥界に降りていったときに、まさにその状況が起こった。彼はアキレウスの黄金の鎧をどちらが受け取るかで争った末に打ち負かしたライバルのアイアスと出くわす。アイアスはまだ強い憎しみにとりつかれ、オデュッセウスを認めようとしない。言ってみれば、アイアスは「先へ進む」ことができずにいた。では、元夫や元妻とハデスで出会ったときはどうだろう？　彼らもあなたがやってくるのをそこで待っている。

若者に死の危険が大きいこと、人間の寿命が短いことは、古代ギリシア社会に暗い影を投げかける。ルートロフォロスと呼ばれる巨大な大理石の壺の形をした墓碑ほど、心を打つものはない。ルートロフォロスは通常、結婚式の日に花嫁と花婿が身を清める神聖な水を満たすために使われる壺だ。この種の墓碑は、結婚する年齢に達したものの、未婚のまま死んだ若い男女の墓であることを示す。

あなたが崇拝する神々

宗教についてはすでに多くを述べた。それは、あなたが何を信仰するのであれ、あるいは今のところは決まった信仰をもっていないにせよ、生活のどの瞬間にも神が介入するかもしれない世界で暮らしていると気づくだろうからだ。航海に出るとき、戦場で戦うとき、酒を飲み始めたとき、誰かに惹かれて情熱が高まったとき、危険な場所で安全帽なしで働くとき、出産するとき、畑に種を植えるとき、つねに神々が関係してくる。これらの活動も他のさまざまなこともすべて、神々の助けを得られるかもしれないし、妨害を受けるかもしれない。したがって、神々を味方につけることは命にもかかわるほど重要だ。

古代ギリシア人は「宗教」を表す言葉はもっていなかったものの、極端なまでに信心深い。そして、自分たちの神々をなだめ、ご利益を得るために多大な労力と資産をつぎ込むが、私たちが「宗教的」という言葉でイメージする意味合いにおいては、彼らを宗教的と表現するのはふさわしくない。彼らの宗教が人々に善行を促すわけでもない。

現代英語のatheist（無神論者）は、ギリシア語の形容詞「アテオス」から派生した語で、これはおもに「神なき者」を意味する。つまり、神々を気にかけない人ということだ。ギリシア語には、無神論者と神を信じない人を区別する言葉はない。しかし、神々について疑いをもつギリシア人は実際にいる。アリストファネスの『雲』のなかで、登場人物のソクラテス（その人物像は大雑把ながら偉大な哲学者に基づいている）は、ゼウスを信じているかどうかたずねられる。するとソクラテスは、「ゼウス？　くだらない話をするな。絶対に存在しない」と答える。しかし、この物語は喜劇であることを忘れてはいけない。どの宗教でもそうであるように、誰もが同じ考えをもつわけではない。プラトンと対話するときのソクラテスは、ときおり彼が「神」と呼ぶものを引き合いに出す。彼が特定の神だけを信じる方向に動いていた可能性はおおいにある。

ソクラテス

アッティカだけでも2000柱ほどの神々がいて、人々の注意を引こうと競い合っている。もちろん、あなたはそのなかのほんの一部の神々にしか礼拝できないだろう。したがって、考えなければならない基本的な問題は、たとえば危険な事業に乗り出す前にはどの神に祈ればよいのか、あるいは事を終えてからどの神に感謝を捧げればよいのかが、必ずしもはっきりしないということだ。アテナイ人はアメリカ人風に言うなら「すべてのベースをカバーするために」(万全を期すために)、アゴラに「未知の神」に捧げる祭壇を設けた。これは、万一ひとつの神を忘れてしまった場合に備えた一種の保険のようなものだ。

神々はほとんどの時間をオリュンポス山の上で過ごし、ほんのときおり、人間の運命に関わりをもつ。神々は擬人化され、人間と同じ姿形をとるとともに、人間のあらゆる否定的な感情ももつ。そのため彼らは極端に意地が悪くなったり、食い意地がはったり、報復的だったり、怒ったり、嫉妬したり、欺いたり、不機嫌になったり、好色になったり、強欲になったりする。古代ギリシア人は、神々が人間と同じ機会や力をもつのであれば、まさに人間と同じ行動をとるだろうと考える。神々が思いやりや寛大さを見せることはめったにない。見返りがなければ何もしない。色欲は間違いなく彼らのもって生まれた性質だが、愛についてはほとんど知らないように見える。

しかし、神々について私たちが知ることの大部分は、詩、とくにホメロスや悲劇作家たちの詩から得られたものだと言わなければならない。ホメロスは非常にあけすけに神々を描写する。エウリピデスの戯曲のなかの神々も、負けず劣らず利己的でひねくれている。古代ギリシア文化にひとたび浸れば、実際の神々は、彼らを描写する詩人たちほど、たちが悪いわけではないとわかるかもしれない。古代ギリシアの神々を弁護するなら、そして、彼らの不朽の名声のために言っておくと、彼らは自分たちに向けられたジョークを受け入れることができる。それが、(私にとってなじみのある)他の宗教の神々と違うところだ。たとえば、ディオニュシア祭で上演されるアリストファネスの『蛙』では、ディオニュソス神が少しばかり臆病な登場人物として描かれる。自分自身が突然の下痢に襲われる姿を見て、神は大笑いするはずだ。

人間と神々の一番の違いは、神々が身体的に完璧で、信じられないほど強く、年をとらず不死であることだ。しかし、ゼウスでさえ、すべてを自分の思いどおりにできるわけではない。彼は最高神ではあるものの、妻のヘラのこととなると言動に注意しなければならない。『イリアス』では、ヘラは夫婦の営みのあとにゼウスをうたた寝させ、一時的ながらトロイア戦争の流れを変える。ヘラは婚姻の女神なので、夫の浮気性はとくに彼女を苛立たせる。ゼウスは浮気がばれないように、しばしば姿を変えて女性たちのところへ行く。たとえば、エウロペを誘惑するときには雄牛の姿になった。

オリュンポスの神話は、外界全般であれ、人々の頭と心の奥深くであれ、自然の要素がつねに荒れ狂う世界を物語る。アフロディテは人々の愛が報われるかどうかを決め、それによって大きな喜びと激しい痛みの両方を与えることができる。ポセイドンは安全に航海できる穏やかな波と、荒れ狂う嵐の両方を引き起こすことができる。ディオニュソスは人々に心配事を忘れさせることも、酒を飲んで大騒ぎさせることもできる。人間の世界が混乱するのももっともだ。それは神々がつねに対立しているために引き起こされるのだから。

しかし、単純によい神と悪い神が存在するわ

雄牛に姿を変え、エウロペをさらうゼウス

けではない。倫理的な観点からすれば、彼らは道徳を超越している。神々はよいことと悪いことの両方を引き起こすことができる。一般に、彼らは自分に都合のよいように善か悪かを選ぶ。したがって、あなたが神々の助けを得ようと思うときには、「私を助けることで、彼らにはどんな得があるだろう?」と、自問しなければならない。言い換えれば、彼らに与えられるものが用意できるまでは、接触しようとしないほうがいい。ある銅像の上に刻まれた碑文が、それをよく表している。「マンティクロスからアポロン神、遠くの的をめがけて矢を放つ神へこれを捧げます。どうかお返しに何か私にお与えください」。マンティクロスはこれ以上簡潔な言葉で自分の願いを言い表すことはできなかっただろう。

ほかにも概念を擬人化したものとして認識される神々、とくに女神がたくさんいる。正義、平和、記憶、幸運、合法性、季節、気品などを象徴する神々だ。その数は時代を経るとともに増えていく。

古代ギリシア人は地上や冥界と結びつく神々、さらには英雄的な地位を与えられた人間についても超自然的な存在として認識している。いわゆる地上神とされる神々の例としては、前述した復讐の女神エリニュスたちがいる。また、英雄たちの墓の近くで犠牲の血を捧げると、彼らを呼び出すことができる。

キリスト教徒とイエスとの関係とは違い、ギリシアの神々とは個人的な関係を築くことは期待できないので覚えておいてほしい。確かに、オデュッセウスはアテナ女神と個人的な関係をもつ。基本的には彼らがともに策略家だったからだ。しかし、これは大きな例外と考えたほうがよく、いずれにしてもオデュッセウスは架空の物語のなかの登場人物だ。もしあなたが神々と個人的な関係を築こうとすれば、悲惨な結果に終わるかもしれない。エウリピデスの『ヒッポリュトス』でも、題名と同じ名の主人公にそれが起こる。すでに述べたように、この若者は自分の継母から強姦の告発を受ける。性的欲望のないヒッポリュトスは処女神アルテミスだけを強く崇拝するために、無視されて激怒したアフロディテに破滅させられる。

ソクラテスの裁判での彼の罪状のひとつは、名前のわからない自分だけの神を信仰したというものだ。彼はその神をダイモニオン（「小さな聖霊」）と呼ぶ。「ダイモニオン」から生まれた言葉がdemon（悪魔）で、これは控えめに言っても皮肉なことだ。なぜなら、この言葉の最善の解釈はソクラテスが提示した「良心」なのだから。アテナイ人が憤慨した理由は、それがたとえ小さな聖霊であっても、誰かひとりが神と特別な関係をもってはならないと考えていたからだ。

神々を味方につけるには

神々の加護を求めるには基本的にふたつの方法がある。その助けを得たいと思う神に何かを奉納するか、犠牲または献酒を捧げるかである。どちらの行動にも祈りを添えなければならない。必要に応じて、前回捧げた供物や犠牲を神々に思い出してもらう。それが彼らの注意を引く助けになる。神々には哀れな人間たちの不満に対処するよりほかにもっと多くの楽しみがあるのだと、つねに覚えておいてほしい。

奉納する品は、価値のあるものなら何でもかまわない。たとえば、その神の姿を表現した小さな土像でもいいだろう。それを聖域か神殿の内部に納める。しかし、それが特別な出来のものでないかぎり、おそらくたいした効果は発揮しない。何か貴重なものを与えるほうが効果的だ。マンティクロスが捧げたような銅製の小像、あるいは実物大の彫像ならもっといい。貴族であれば、賛歌を作ってもらい合唱隊に歌わせるのもいいだろう。

犠牲として捧げる動物としては、羊、山羊、豚、あるいは羊を数頭であれば、なおいい。犠牲動物が多いほど、お祭り気分になる。最悪の状況に陥ったときには、鶏1羽か、庭で採れた果物や野菜などを奉納する。最大の犠牲式は国の神々を敬うための祭りで執り行なわれ、数百もの動物が殺される。そのための費用は国が負担し、厳密に規制される。献酒としては、ワイン、蜂蜜、ミルクのいずれか、あるいは3つすべてを組み合わせ

犠牲を捧げる男性

て捧げる。奉納品と同じように、犠牲や献酒の場合も、あなたが気前のよさを見せるほど、神々はあなたの祈りを聞き入れてくれる。

どの神も暦のなかに、その神に捧げられる特別な日がある。アテナ女神の誕生日には、国が雄牛300頭を犠牲に捧げる。彼女の誕生月はヘカトンバイオンと呼ばれ、文字どおりには「100の犠牲の行事」を意味する。ときには犠牲となる雄牛の一部だけ、ときにはすべてが焼かれる。「大虐殺（ホロコースト）」の語源になったギリシア語は、文字どおりには犠牲すべてを焼くことを意味する。神々は実際にその肉をむさぼるわけではないが、オリュンポス山まで立ち昇るよい香りの煙を楽しむ。「犠牲にする」を意味するギリシア語のthueinは、文字どおりには「煙を出す」を意味する。

「パンアテナイア祭」または「全アテナイ市民祭」として知られる競技会も、アテナの誕生日に開かれる。賞品のアンフォラは、両側に取っ手がついた大きな壺で、オリーヴオイルが満たされている。オリーヴオイルはアテナイの主要輸出品だ。それぞれのアンフォラに、女神が槍を振りかざしている姿が片側に、この賞品を競い合う競技会のようすがもう片側に描かれている。

祈り、奉納し、犠牲を捧げるほかにも、敬虔（けいけん）な態度での行動が求められる。敬虔というのは、定義が非常にむずかしい。プラトンの対話篇のひとつ、『エウテュプロン』では、題名にもなったエウテュプロンという人物が宗教の専門家を自称し、いくつかの定義を示すが、ソクラテスはそのすべてを論破する。その問答のなかで、ソクラテスはすべての宗教に根源的な疑問を呈する。

ある行動は、神がそれを愛するから善なのか、それとも、それが善であるから神が愛するのか？あなたには答えがわかるだろうか？

神への敬いを最も目に見える形で象徴するのが神殿だ。アテナイでは、アテナ・パルテノスに捧げられたパルテノン神殿がその最も崇高な例だろう。しかし、神々に捧げられる聖域の大半には、泥煉瓦の壁で仕切られた聖所と、粗削りの石かテラコッタで作った祭壇しかない。実際のところ、礼拝に必要とされるのは祭壇だけなのだが、一般に粗末で簡素な建築法を使っているため、現存しているものはほとんどない。とくに大々的なものとしては、イズミル（現在のトルコ）近くのペルガモンに建てられたゼウスの大祭壇があり、現在はベルリン博物館島の旧博物館に所蔵されている。これはヘレニズム美術、つまり、アレクサンドロス大王死後の時期の美術の傑出した例となる。その巨大さと威容のため、神殿かと見間違ってしまいそうだ。

神々への礼拝は屋外で行なわれる。神殿のなかで行なう儀式はない。神殿は神々の彫像を展示し、奉納品や儀式で用いる道具を保管しておくためだけに使われる。1年のほとんどの時期は、神殿は閉鎖されている。神が宿泊するときにだけ開かれ、そのときには一時的な住まいとなる。

聖域はしみひとつないほどきれいにしておかなければならない。神々は完全に清浄なときにだけ聖域を訪れる。彼らにとって清浄さは不可欠だ。神々が死や死者と関わりをもたないのもそのためで、死は汚染の源になるからである。すでに見たように、汚染は嫌悪すべきもので、聖域にそれが入り込むことだけは何としても避けなければならない。そのために、聖域の入り口には清められた水のたらいが置いてある。ちょうど、教会の入り口に聖水があるのと同じだ。

もしあなたが、たとえば死者か殺人者と接触することにより汚染されたら、身を清める最善の方法は、豚の血を使うことである。殺害は最も強力な汚染原因だ。殺人者の近くにいるだけでも汚染されうる。それが理由で大嵐が引き起こされることもある。もし船に殺人者が乗っていれば、神々は彼を罰するためだけに船を沈めようとするかもしれない。たまたまその船に乗り合わせてしまったら、不運としか言いようがない。神々はあなたのことなど気に留めない。あなたはただ巻き添えになってしまう。

宗教的儀式は聖域だけに限定されない。毎朝、各家庭の家長が、その家を守ってくれる神々にご加護を祈る。なかでも重要な神が、かまどの女神へスティアだ。どの家にも炉があり、そこが家の中心になる。英語のheart（中心）とhearth（炉）は言語的につながっているのだ。ほかの家庭内の神々には、ゼウス・クテシオス（財産の神）やゼウス・ヘルケイオス（境界線の神）がいる。家を侵入者から守るのはゼウス・ヘルケイオスだ。家の神々は果物やナッツなどのささやかな供物でさえ感謝してくれるが、特別な行事の際にはもっと多くのものを供えたほうがいいだろう。

宗教祭で何が起こるのか

ほとんどの宗教祭は小さな行事で、市民のほんの一部だけが参加する。しかし、アテナやディオニュソスのような主要な神々を敬う祭りには数千人が集まり、費用も惜しまない。公務は中断し、法廷は閉鎖され、人々は祭りへの参加を促される。ソクラテスが民主政と衝突した理由のひとつがそれだ。彼に対する告発のひとつは、「国家が認める神々を認めない」ことだった。言い換えれば、ソクラテスは祭りに参加しなかった。祭りへの参加は重要で、国だけでなく神々もそれを期待している。

どの祭りも夜明けの行進から始まり、祭祀用の道を歩いてその神の祭壇まで進む。祭祀を執り行なう神官が行列の先頭に立ち、役人や礼拝者があとに続く。真ん中に犠牲として捧げられる動物たちがよろよろ歩く。

行列が目的地に着くと、動物は囲いのなかに集められ、神官が祭壇のそばに立ち、祈りを捧げながら、両腕を広げ、空を見上げる。動物を捧げる犠牲式が終わると、役人たちが重要な臓器を串に刺して焼き、残りの肉を大釜でゆでる。足元の血だまりですべらないように気をつけなければならない。肉が煮えたら礼拝者たちに配り、神官や地域の名士にはほかの人たちより多く分配される。

なぜ神託を求めるのか

古代ギリシア人は、自分たちの神々がときおり合図を送り、人間たちの行動の結果について警告してくれていると信じている。そのため、大きな決断に直面したときに神託をあおぐのはよい考えだ。最も重要な神託の場は、デルフォイのアポロンの聖域だ。デルフォイは地球のへそとされる。それが確かな事実だとわかるのは、ゼウスが世界の中心となる場所を特定するために2羽のワシを放ったところ、デルフォイの岩の亀裂で再び一緒になったからだ。その聖域は主要道路には面していない。そのため細いでこぼこ道を歩いていくか、近くの港まで船で行き、そこから丘を登るしかない。長い列ができているので、かなり時間がかかると覚悟しておいたほうがいい。アポロンの聖域では、毎年数日間しか神託を行なわない。そのため、どうしても嘆願者の長い列ができる。

神託では正確に何が起こっているかはわからない。確かなのは、ピュティアと呼ばれる巫女を通して神に質問するということだけだ。ピュティアがそう名づけられたのは、この地で崇拝されるアポロン神が、アポロン・ピュティオスという神格だからだ。アポロンは最初にデルフォイにやってきた

19世紀のデルフォイのエッチング

ときにピュトン（ニシキヘビ）を殺したために、この称号を与えられた。一種の女性霊媒師であるピュティアが、質問者にアポロンからの答えを告げる。彼女の言葉は理解しがたいことがほとんどだ。その場合、解釈者がすばやく前に進み出て、もちろん手数料と引き換えに、その意味を平易なギリシア語になおして説明する。それでも、あわてて結論に飛びつく前に、注意深く検討しなくてはならない。聖域に残る壁に刻まれている「汝自身を知れ」という言葉は、ただそこにあるわけではない。未来の知識も自己を知らずにはたいした役には立たない。

予知能力のあるプロの予言者も、ギリシア世界のあちこちに大勢いる。したがって、何らかの理由でデルフォイまで行けないときには、いつでもアテナイの予言者に助言を求め

現在のデルフォイ

ることができる。予言者については後述する。

神託や予言者に助言を求めるのが、将来について知る唯一の手段ではない。日食や月食、鳥の集団行動などの現象を読み解くことも、試行錯誤されてきた方法だ。くしゃみをするタイミングでさえ、よいこと、または悪いことの前兆となりうる。あなたはすぐに、神々があなたの決断を助けるために最善をつくしているとわかるだろう。神々の警告を真剣に受け止めないのであれば、悪いことがあったときに自分を責めるしかない。

私たちは古代ギリシア人を非常に合理的な人々と考える。実際にいくつかの面ではそうだろう。しかし、彼らは人間と神々の世界が密接に結びついていると本当に深く信じてもいる。とはいえ、懐疑論者と出会わないというわけではない。アンティフォンという弁論家は予言を定義するように言われ、「分別のある男性による推測」と答えている。これは確かに知識人らしい言い回しだが、平均的なアテナイ人でもＩＱはかなり高いことを覚えておいてほしい。

余暇と娯楽

余暇の過ごし方

本章では、おもに自由民の男性についての話になることをお断りしておく。自由民の女性と奴隷には、くつろいでいる暇はない。自由民の女性は家事をこなすのに忙しい。奴隷たちは、働いていないときには少しでも眠れる時間を見つけようとする。

あなたが男性なら、アテナイ人として余暇をどう過ごすかは、完全にあなた次第だ。アゴラでうわさ話をしたり、あれこれ思索にふけったりして疲れ切った1日の終わりに、妻のもとへまっすぐ戻る必要はない。

酒場や売春宿を訪ねたいという誘惑にかられるかもしれないが、そのほとんどはみすぼらしい店だ。おそらく性感染症にかかることはないだろうが、けんかに巻き込まれて片目を失うおそれはある。したがって、この種の店には近寄らないことをすすめる。

屋内での娯楽として考えられるのは饗宴（シュンポシオン）だけで、家のなかの、理想的にはアンドロン（男部屋）で開かれる。アンドロンは考古学的な記録のなかでも特定しやすい。壁際に寝椅子を置くため、壁面の中央からはずれた場所に出入り口があるからだ。シュンポシオンではその寝椅子に座るのではなく、もたれかかるのがお決まりだ。これは東方から伝わる伝統である。

ギリシア世界での集会はどれもそうだが、シュンポシオンも宗教的な集まりのひとつだ。祈りで始まり、アポロン神への賛歌で終わる。ワインをそのまま飲むことはしない。そうするのは野蛮人の証明で、狂気につながる。その代わりに、ギリシア人は水で薄めたワインを飲む。ワイン1に対して水3の割合が安全とされ、1対1は非常に危険とされる。ワインと水の割合は、シュンポシオンの主催者が決める。飲酒が始まる前に任命され、会の進行役を務める人物だ。

シュンポシオンは同性愛について語り合うのに適した場所になる。同性愛行為のための主要なはけ口のひとつを提供するからだ。あなたも、古代ギリシア社会では同性愛が許容されていると聞いたことだろう。しかし、厳格な制限が設けられている。第一に、若い男性と年配の男性との間の関係であることが基準となる。片方が10代後半、もう片方が20代後半から30代前半というのが一般的だ。第二に、そうした関係は性的満足だけを目的にしているわけではなく、年長のほうの男性が師としての義務も果たす。シュンポシオンはそうした関係を築くにも理想的な場所だ。さまざまな話題についての考えが提示され、文学や他の文化に親しんでいることが前提とされる。第三に、パートナー同士の関係は一般に短期間で終わる。なぜなら、すでに述べたように、同性愛は一時的な現象とみなされるからだ。言い換えれば、古代ギリシア人はこれを生涯続く性的志向としては認めていない。事実、もし男性にだけしか愛情をもてないとしたら、男らしくないとしてばかにされがちだ。そして、第四の点として、少年愛に対しては法律で非常に厳しく禁じられていることも覚えておこう。アテナイでは、教師は暗い場所で生徒とふたりだけで過ごすことが許されない。

レズビアンについてはほとんど聞くことがない。とはいえ、まったくないというわけではない。詩人のサッフォーは間違いなくレズビアン的な傾向があった。彼女はレスボス島に住んでいたので、レズビアンという語が女性の同性愛を意味する言葉として現在使われている。しかし、彼女は紀元前6世紀の人物で、それよりあとの時期についてはレズビアンの証拠はほとんど見当たらない。おそらく、これはタブーとなる話題なので、誰もあえて話そうとしなかったのだろう。

シュンポシオンの雰囲気は、当然ながらその時々で異なり、酒を飲む男たちの気性にも左右される。プラトンの対話篇『饗宴』で描かれるものは、非常に落ち着いた哲学的な集まりで、

シュンポシオンで酒を飲みくつろぐ男性

酒を飲みながら参加者それぞれが愛について語る。しかし、これは間違いなく定番ではなく例外だろう。それよりも、笛吹きの少女や踊り子たちが大勢呼ばれて、乱痴気騒ぎになることのほうが多かっただろう。「コッタボス」などの頭を使わないゲームに興じることもある。これは、酔っぱらいたちが杯に残るワインかすを的にぶつけて、どれが的をひっくり返し、大きな音を出すかを競うものだ。ほろ酔い気分になるほど楽しめるゲームと言っていいだろう。一般的なシュンポシオンがどんなものだったかがよくわかる、こんなことわざが残っている。「記憶にしっかり残るシンポジアを憎む」。つまり、英語で言うところの「ラスベガスで起きたことは、ラスベガスに残る」（旅の恥はかきすて）の意味に近い。

シュンポシオンへの参加は自由民の男性とヘタイラに限られる。妻や娘、妹や母、祖母やおば、めいは、歓迎されない。しかし、夫たちは毎晩、仲間と飲んでいるわけではない。週に1晩か2晩は、おそらく妻のところへ帰ってくる。

健康を保つには

男性は頻繁に体育練習場へ通って、健康を保つ。そこで何時間も過ごすことも多い。ギュムナシオンの利用に年齢の下限は聞かないが、少年たちは安全上の理由のため、中に入れなかったのではないだろうか。メトイコイについても、入ることが認められたかどうかはわかっていない。

「ギュムナシオン」は、文字どおりには「裸の場所」を意味する。古代ギリシア人は裸で運動するからだ。実際に、男性の裸を容認することを誇りとしている。やがて、この習慣はユダヤの習慣や宗教と激しく対立することになる。ユダヤ人は神の前では体を覆う習慣があるからだ。このことと、ギリシア人が割礼を行なわないということが、ユダヤ人の美的感覚には反するものだった。

（余談ではあるが、あなたが訪れる紀元前４２０年のアテナイにユダヤ人は住んでいない。ふたつの文化はまだ出合っていない。ユダヤ文化へのギリシアの影響はヘレニズム期に非常に強くなるが、違いもまた大きかった）。

ギュムナシオンではシャワーを浴びたり入浴したりはできない。ギリシア人はローマ人ではない。それに、シャワーはまだ発明されていない。しかし、ギュムナシオンは川沿いにあることが多いので、運動後に川でひと泳ぎすることはできる。運動を終えたら、オリーヴオイルを体に塗り、銅の反り刃がついたストリギルと呼ばれる道具で汚れと汗をこすり落とす。ストリギルは非常に私的な道具で、墓のなかに持ち主と一緒に納められることも多い。

古代ギリシア人は肉体の鍛錬を非常に重視する。その最大の理由は、国家の安全が兵士のスピード、敏捷性（びんしょうせい）、規律、粘り強さにかかっているからだ。しかし、ギュムナシオンは運動するためだけの場所ではない。私たちが社交場と呼ぶところでもある。哲学者たちがしばしば姿を現す場所になっているのも偶然ではない。紀元前4世紀には、ふたつのギュムナシオンに哲学学校が

劇場へ行く

演劇を発明したのはアテナイ人で、以来、この分野では負け知らずだ。スパルタ人が書いた舞台劇を最後まで座って観るところなど想像できるだろうか？　退屈そのものだ。演劇の神はディオニュソスである。ギリシア人にも、酒の神であるディオニュソスが演劇と何の関係があるのだろうと不思議に思う人たちがいる。わかりやすい説明は、ワインが心を解放し、それによって自分を変化させる能力がもたらされるということだ。

悲劇作家は三部作、つまり3本の連作を書かなければならない。三部作すべてが現存しているのは唯一、アイスキュロスの『オレステイア』だけである。オレステスの人生を中心にした物語で、崩壊した家族というものがあるとしたら、この物語がまさにそうだ。第一作の『アガメムノン』では、王妃クリュタイメストラが愛人と共謀して夫のアガメムノン王を殺す。オレステスはアガメムノンとクリュタイメストラの息子だ。第二作の『コエフォロイ（供養する女たち）』で、オレステスが復讐のためクリュタイメストラを殺すが、母の側についた恐ろしい復讐の女神エリニュスたちによって、狂気に陥る。第三作の『エウメニデス（慈しみの女神たち）』では、身を清めるためにデルフォイへ、さらにアテナイへと向かうオレステスを、エリニュスたちが追跡する。オレステスはアテナイの法廷で無罪を宣告され、アテナ神の監督下におかれる。この三部作は、復讐による殺害の終わりなき連鎖を止めるために、アテナイで法の支配が確立された経緯を説明するものだ。

古代ギリシア悲劇には、多くのたくましい女性たちが登場する。そのひとりで最も記憶に残るのがクリュタイメストラだ。彼女はどの男性と比べても負けないほど決断力があり容赦ないことを証明する。彼女は冷酷な策略を胸に夫アガメムノンを宮殿に招き入れ、彼に入浴をすすめる。最も無防備な状態のときに殺せるようにするためだ。彼女はアガメムノンが戦利品として連れ帰ったトロイアの王女カサンドラも殺す。アガメムノンが悪びれもせず彼女を宮殿に住まわせ、王妃の目の前で見せびらかすからだ。アテナイではクリュタイメストラに負けないほど意志の強い女性たちがきっと見つかるだろう。劇作家たちに刺激を与え、劇中の登場人物のモデルになった女性たちだ。

観客は、アガメムノンやカサンドラが殺される場面を実際に見るわけではない。暴力的な行為は舞台上では演じられない。しかし、アガメムノンの身の毛もよだつような叫び声を聞く。最初の公演のときには、クリュタイメストラを演じた俳優が宮殿を象徴する建物から現れて、彼女の、というより王の血で染まった手を見せ、観客を戦慄させた。そして、第三作で髪の毛が蛇になったエリニュスたちがそれぞれの蛇の口の周りを血まみれにして現れ、目から膿が流れ出ているのを見て、再び観客は身を震わせる。みごとな演出だ！

もちろん、すべてが最終的には流行遅れになる。アイスキュロスの死後は、ソフォクレスが大人気となり、今はエウリピデスの評価が上がっている。アテナイ人の多くは、エウリピデスはやりすぎだと思っている。神々に敬意を払わず、端役として扱う。確かにそのとおりだが、そうするのはエウリピデスが最初ではなかった。アイスキュロスは神々に最大限の光を当てなかったし、ソフォクレスも同じだった。

それぞれの悲劇作家がサテュロス劇（悲喜劇）も書く。おそらく悲劇を最後まで見通す観客たちへのご褒美として意図されたものだ。サテュロスは半分が人間、半分が山羊の生き物で、酒を飲み女性にちょっかいを出すのを楽しむ。現在なら、合意に基づかない性行為により、みな刑務所に送られることだろう。

悲劇のほかに喜劇もある。この時期から残っている唯一の喜劇は、アリストファネスの作品だけだ。悲劇と違って、喜劇は同時代の出来事をもとにする。『アカルナイの人々』では、ある農夫が自分の一家だけスパルタと単独和平を結ぼうと交渉する。『女の平和』では、ペロポネソス戦争を終わらせるために、すべての女性がセッ

アイスキュロスの胸像

クス・ストライキを始める。『雲』では、アリストファネスは哲学者たちの詭弁と、その場当たり的な助言で取り立てる法外な授業料を嘲笑う。

演劇はテスピスという謎に包まれた人物がその原型をつくり出したとされる。当初は、俳優ひとりと合唱隊しか舞台に登場しなかった。これは、舞台上での本物の対話がまだなかったということだ。俳優は合唱隊と掛け合いをするだけだった。第二の俳優を登場させたのはアイスキュロスで、ソフォクレスは第三の俳優を使った。その結果、ふたりか3人の人物の間での本物の対話が可能になった。

話者となる俳優は3人までというのが古代を通じての限界だった。これは、それぞれの俳優が通常は2役か3役を演じるということだ。一瞬のうちに人物を転換する能力が求められる。これができるのは、仮面を（たいていは複数の仮面を）利用するからだ。男性と女性の両方の役を演じるので、幅広い声色を使い分けなければならない。どの俳優も三番手として、はしごの最下段からこのキャリアをスタートさせる。その後、二番手に昇格し、最後に、十分な才能があると認められれば、一番重要な役、つまり主役を演じられるようになる。

俳優には報酬は支払われないが、舞台に登場することで多くの称賛を得る。ディオニュソス神に捧げる祭りで、劇作家が想像した登場人物に息を吹き込むのは確かに大きな特権だが、観客の注意を引き留めておくのは簡単ではない。人々は観劇の間ずっと飲み食いしている。この俳優たちはよくないと思えば、木の実や果物を投げつける。

3人の悲劇俳優や喜劇俳優が演じ終わると、クリタイと呼ばれる10人の審査員が1位、2位、3位を決めるための投票をする。クリタイから critic（批評家）という語が生まれた。審査員になるのに経験や知識は必要とされない。アテナイ人なら誰でもその仕事ができる。どのアテナイ人も国政に関して投票できるのと同じだ。そのため、クリタイはくじ引きで決められる。

優勝賞品は、厳密にいえば、劇作家ではなくコレゴスと呼ばれる裕福なアテナイ人に与えられる。舞台の製作に関するすべての費用を負担する人物のことだ。しかし、作品そのものの質も、審査の判断材料の一部にはなっているだろう。公平を期していえば、順位を決めるのは審査員だけではない。実際にくじを入れた壺から引かれるのは、投票された10票のうち5票だけだ。これは、ディオニュソス神も票を投じていることを意味する。

コレゴスにとっては、合唱隊が着る衣装が最大の支出となる。悲劇の製作では4種類の衣装、喜劇であれば1種類だけですませる。喜劇の合唱隊の衣装は、『蜂』『蛙』『雲』『鳥』などのタイトルからもわかるように、しばしば非常に空想的で、かなりの製作費用がかかるのだ。

併設される。ひとつはプラトンのアカデメイアで、英雄アカデモスをまつる林に設立された。このアカデメイアが、英語のacademicの語源になった。もうひとつはアリストテレスのリュケイオンで、こちらもギュムナシオンが併設されている。リュケイオンは、その地に聖域をもつアポロン・リュケイオスに由来する。両方に教育施設がのちに加えられる。

女性のためのギュムナシオンに相当するものはない。唯一、スパルタでだけは、運動する女性について耳にすることがある。

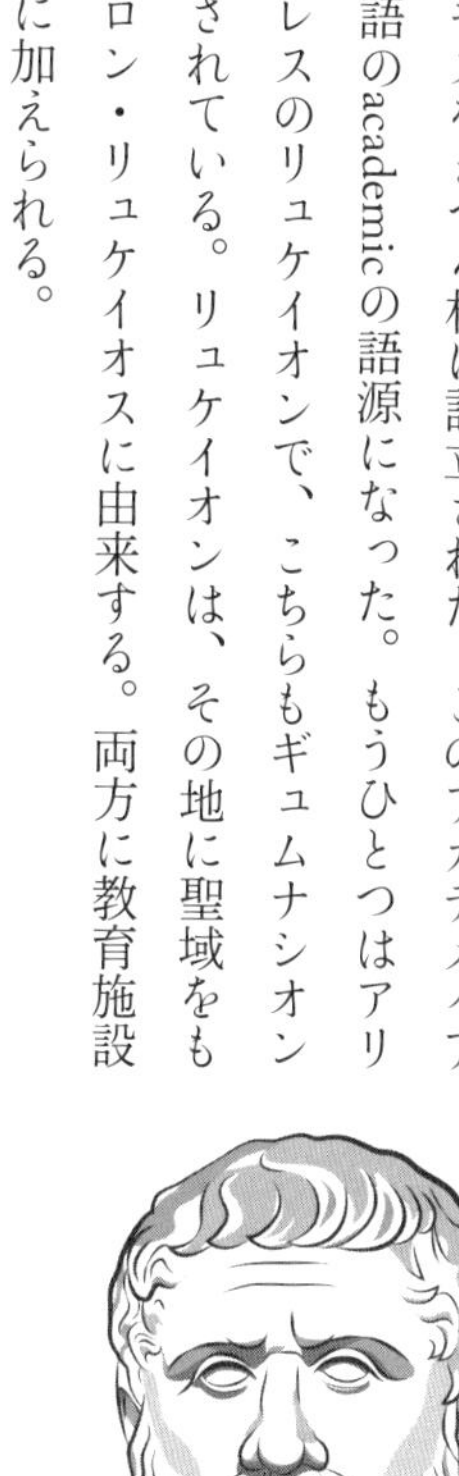

プラトンの胸像

公共の娯楽

ペロポネソス戦争の初期に、戦死者のために捧げた演説で、ペリクレスはアテナイ人が享受するゆっくりくつろげる日の多さに比べて、スパルタ人がくつろげる日がいかに少ないかを強調している。「勉強ばかりで遊ばないと、子どもはばかになる」ということわざは、アテナイ人が作ったものだ。こうした休息日はすべて、非常に厳粛な宗教行事の日にあたるが、人々と歓談し、犠牲として捧げた動物の肉を無料で食べられ、おそらく運動や音楽の競技会を楽しめる機会にもなる。

最も重要な祭りのふたつがディオニュシア祭とレナイア祭で、舞台劇が演じられる。演劇についてはすでに述べたが、もう少しつけ加えておこう。これはアテナイ社会に不可欠なものだからだ。毎年、少なくとも１５００人が演劇製作に参加する。ほとんどが男性だが、衣装を作るのは女性だったのではないかと思う。

まず、悲劇から話を始めよう。実際のところ、アテナイを舞台にした悲劇は少ない。もっと多くの作品がトロイア戦争とその後に起こった出来事をもとにしている。悲劇は普遍的に重要なテーマを扱う。たとえば、家族内の対立や、個人と国家の戦いなどだ。したがって、遠い過去に時代設定した作品になるのだが、悲劇作家は私たちにはなじみのない、いくつかの最近の出来事に触発されているのかもしれない。

対照的に、喜劇はその時代のアテナイを舞台にする。多くは政治的メッセージを含む。劇の真ん中ぐらいで、合唱隊がその役割からはずれ、差し迫った政治的問題について観客に講義をすることすらある（講義という言葉は大げさではない）。これによって私たちが「第四の壁」と呼ぶもの――舞台と客席を分ける壁――を打ち破るのだ。喜劇作家たちは頻繁に大衆扇動者（デマゴーグ）や哲学者を皮肉り、扇動者は卑劣な者たち、哲学者は頭が空っぽの変人として扱う。エウポリスという喜劇作家は、作品は断片しか現存していないが、こう書き残している。「私はソクラテスのようなおしゃべりは嫌いだ。知識は豊かだが、自分の食事がどこからやってくるかを気にもしない」。エウポリスの指摘にもうなずける部分はある。

観客はテアトロン（「見物する場所」の意）と呼ばれる半円形の観覧席に座る。カーブを描き、文字どおり、アクロポリスの南斜面を削って作られている。その形状のため、音響は完璧に近い。たとえ後ろのほうに座っていても、針が落ちる音さえ聞こえるほどだ。テアトロンは10のV字形の座席の集まりに分かれ、その間に階段がある。それぞれのV字部分が特定の部族に割り当てられている。部族は10に分かれていることを思い出してほしい。これによって観劇は、宗教的経験であると同時に市民意識を高めるものにもなる。

女性と子どもたちが劇場に入れたかどうかはわからない。あなたが現代に戻ってきたときにぜひ報告してほしい（きっとそうしてくれるだろう）。

公演は太陽が昇ると同時に始まる。おそらく5時間から6時間かけて行なわれるので、がんばって集中しなければならない。レナイア祭で演劇を観るのなら、温かく着込んでいくことをすすめる。レナイア祭は2月下旬か3月初旬に開かれるから

エピダウロスの劇場

だ。

観覧席に取り囲まれるように、「オルケストラ」と呼ばれる大きな円形の舞台がある。この文字どおりの意味は「踊る場所」である。その名前は、劇の間中、その場所を占めている合唱隊が歌いながら踊ることに由来する。スケネと呼ばれる低い建物は、英語のscenery（景色）のもとになったもので、一種の背景幕となり、宮殿か神殿に見える絵が描いてあることが一般的だ。その裏で俳優たちが衣装を着替える。

ほとんどの演劇作品は一度だけしか舞台で演じられない。そのため、たとえばあなたが到着してから数か月後のディオニュシア祭で演じられる、エウリピデスの『トロイアの女たち』を見逃してしまったら、それを再び観るには2500年待たなければならないかもしれない。まあ、これは少しばかり誇張した数字だが。いくつかのデモスには、地方のディオニュソス祭で演劇を再演するための劇場がある。ただし、そこで演じられるのは、国が製作費用を出しているのとは段違いの、アマチュアたちによる催しだ。いずれにしても、毎年アテナイで観劇できる日数は本当に限られている。自分が好きな日を選んで観に行ける、ウエストエンド（ロンドンの劇場地区）やブロードウェイの劇場とはまったく違う。

アテナイは古典期に演劇が行なわれた数少ない都市のひとつだ。これに続くヘレニズム期には劇場があちこちに現れ、アイスキュロス、ソフォクレス、エウリピデスの演劇の再演が一般的になる。数千もの新しい演劇作品も、数百年の間に次々と送り出される。しかし、それは努力の浪費となる。これらのすべてが断片を除きまったく現存していないからだ。したがって、その名に値する悲劇を書いたのは、大家である3人の悲劇作家だけというのが実際のところだ。

もうひとつの重要な大衆娯楽が、パンヘレニック（全ギリシア人）の大会だ。なかでも最も権威あるものがオリュンピア競技祭（オリンピック大会）で、4年に1回、ペロポネソス半島北西部のオリュンピアにあるゼウス・オリュンピオスの聖域で開催される。全ギリシア人の大会はほかにも3つ、イストミア、ネメア、ピュティアの競技祭があり、ギリシア世界全体から観客と競技者が集まってくる。最初に開設されたのがオリュンピア競技祭で、紀元前776年にさかのぼる。このときは、1スタディオン（約200メートル）の距離を走る徒競走が実施された。英語のstadiumは、このスタディオンから派生した語だ。ついでながら、紀元前776年は、古代ギリシアが採用した紀年法「オリンピア紀」の元年となった（第1オリンピア紀第

走るアスリートたち

1年)。オリュンピア競技祭はローマ時代まで継続され、近代オリンピックとして復活するのは1896年である。

これらの競技祭は非常に重要性が高く、戦争中でもその期間は休戦を宣言した(近代大会に関してはこの習慣は受け継がれず、1916年、1940年、1944年の大会が中止になった)。賞品はシンプルなオリーヴの冠で、オリュンピアのゼウス聖域のオリーヴ林からとってきた枝で作る。オリュンピアの勝利者は、個人としても属する都市国家のためにも、多大な名誉を得られ、地元に戻れば戦地の英雄のように扱われる。ワールドカップ決勝で勝利するチームのようなものだ。

戦争

兵役に就く

古代ギリシアでは、戦争は風土病のようなものだ。誰もがつねに誰かと口論している。その理由は、XポリスはYポリスと反目し合っているからというだけの場合もよくあり、そもそもの反目の原因はすでに時間の霧に埋もれてしまっている。古代ギリシアは山脈によって地域が分かれる。それも統一がなされなかった理由のひとつだ。例外は征服による統一で、まずはマケドニア人に征服され、のちにはローマ人に征服される。

兵役を重荷とは考えないことが重要だ。あなたとともに戦うギリシア人たちは間違いなくそう考えない。反対に、彼らは兵役に就くことを特権と思っている。民会に参加するのと同じくらいの特権だ。そうした彼らの先導に従えば、兵役が厄介なものではないと——あるいは、かろうじて厄介ではないと——わかるだろう。アテナイ市民は18歳から59歳までは徴兵される可能性がある。10部族のそれぞれが順番に、1年間の兵役に就く。これは、あなたが毎日のさまざまな活動をともにする同じ仲間たちと一緒に兵役に就くということで、規律と士気を保つには非常に効果的だ。

実際に兵役に就く期間のほかに軍事訓練があるが、訓練にどれだけの時間をかけたのかはわかっていない。しかし、身体を整えておくのが間違いなくあなたのためだろう。スパルタ人であれば、つねに腕立て伏せとバーベル上げをして過ごすはずだ。

家族に別れを告げるのは、現代のどの社会でもそうであるように、胸がしめつけられるような経験だろう。さらに、覚えておかなければならないこととして、ひとたび別れを告げれば、家族はあなたが帰還するまで（生きて帰るか、あるいは納骨壺に入って帰るか）、あなたの消息を耳にすることはない。

もちろん、女性たちは兵役には就かない。女性も兵役に就くべきだと愚かにも主張しようものなら、ギリシア人はあなたが完全に正気を失ったと考えるだろう。女性だって指揮官になれるなどと言えば、さらに頭がおかしくなったと思うはずだ。とはいうものの、古代ギリシア人は女性戦士の部隊

アキレウスが戦士の女王ペンテシレイアを殺す場面を描いたアンフォラ

を思い描きはした。神話に登場するアマゾネス族だ。アマゾネスの文字どおりの意味は「乳房なし」で、弓を射るのにじゃまな右の乳房を切り落としたために、そう呼ばれた。

陸軍と海軍の間には、社会経済的な区別がはっきりある。陸軍に入るには自分で甲冑を用意しなければならず、父親から相続していればよいが、自分で買うとなれば高価な装備となる。海軍で漕手になるには櫂（オール）だけがあればいい。

重装歩兵の戦いは、勇敢な行為を目指すものではない。これは仲間たちと足並みをそろえて戦闘隊形を組むことを目的とする。いわゆる密集隊形（ファランクス）と呼ばれる、兵士が何列かに並んで長方形をつくる隊形だ。盾は大きく、左隣にいる兵士の半身も守ることができる。そのため隊形を崩して前進したり後退したりするときには、自分だけでなく隣の兵士も危険にさらすことになる。手にしている槍は、投げるよりは突き刺すために使う。

重装歩兵戦は通常、1時間もたたないうちに終わる。そうした状況で戦うのは非常に疲れるからだ。目的は敵の全滅ではなく、多大な犠牲を出して後退させることである。敵を撤退させる

三段櫂船を描いたアンフォラ

ことができれば、形勢が変わった地点に、敵が残していった武具を積み上げた戦勝記念碑を建てる。英語のtrophy（トロフィー）は、「形勢を逆転する」を意味するギリシア語の動詞tropheinを語源とする。死者は戦場で火葬にし、その灰を家族のもとに持ち帰る。すべてのギリシア人が同意する全ギリシアの法律により、勝利した軍は、敗れた側の軍が戦場から味方の戦死者の遺体を回収することを認めなければならない。この法律が破られることはほとんどない。

重装歩兵用の甲冑を用意できなければ、漕手として海軍に従軍しなければならない。漕手は重装歩兵と同じくらい重要だ。アテナイは海軍帝国で、その存続は海軍の力にかかっているので、漕手の重要性はさらに増す。アテナイはギリシア世界で最大の艦隊を保有する。約２５０隻の三段櫂船だ。これは両舷に漕ぎ座が上下3層ある船で、大きな帆がひとつある。まさに海の猟犬だ。およそ１７０人の漕手のほかに、重装歩兵を含む30人の人員が乗船する。海軍全体の総乗員数は5万人となり、その一部はメトイコイだ。もちろん、そのなかに造船所で働く人数は含まれないが、大部分は奴隷である。

59歳までは徴兵される可能性があるものの、50歳になると、あるいはそれより早い段階で、守備隊としての任務に回される。アテナイとその港湾都市ピレウスを取り囲む防護壁を守るのが任務だ。実際に戦場で戦うことと比べれば、楽なことこのうえない。

アテナイのために船を漕ぐ

漕手がいなければ、アテナイは帝国を築けなかっただろう。アテナイのすべての同盟国、つまり、ペルシア軍の侵略からアテナイが守っている都市国家は、いずれも海上または海岸に位置している。その人口はエーゲ海に点在する島々か、海岸線の都市に住む。

アテナイの海軍で漕手になるのは、臆病者の仕事ではない。頑健で規律を守らなければならない。バランスを崩せば、肋骨すべてが折れるかもしれず、仲間を危険にさらすことにもなりかねない。

アテナイの船は三段櫂船と呼ばれる。これまでで最も美しく、最も高速で進む船だ。非常に軽量で、ドラクマ硬貨1枚で方向が変わる。というのは少しばかり大げさだが、船2隻分の長さがあれば、180度向きを変えられる。

三段櫂船には漕ぎ座が3層あり、漕手それぞれに革のクッションつきのシートが割り当てられる。最上段を務めるのが最も技術と力を必要とする。高い位置から櫂を水面に下ろすためだ。指示役が漕手たちに全力で漕ぐように命じると、9から10ノット［10ノットは時速約18・5キロ］のトップスピードに達する。

三段櫂船は、トリエラルコイと呼ばれる裕福なアテナイ人が資金を提供する。ひとたび任命されると、トリエラルコイは自分の船の整備と管理に好きなだけお金をかけることができる。自分の船を艦隊で最も優れた、最も速い船にすることに関しては、競争の要素が強い。本人が望めば、船長を務めることすらできる。

ほとんどの漕手はピレウスに住んでいる。トランペットの音で召集がかかると、兵器廠と呼ばれる場所から自分の櫂をつかみ、三段櫂船が停泊している船小屋まで駆け降りて、傾斜台を滑らせて水面まで運ぶ。それから急いで船に乗り込むと、割り当てられた漕ぎ座につき、合図と同時に猛スピードで漕ぎ始める。

船を漕ぐ期間は、5月から9月までの約5か月だ。1年の残りの月は、櫂の操作練習や船の修理をして過ごす。水漏れする接合部の補修の仕方、破れたキャンバスの縫い方、折れた梁の交換の仕方を知っておかなければならない。三段櫂船はつねによい状態を維持する必要があり、艦隊はときには何か月も、海に出たままになることもある。

もし漕手になるのなら、敵の船の側面に突っ込み、銅で強化した船首で敵船を破壊することほどスリリングな経験はないとわかるだろう。敵からしてみれば、アテナイの三段櫂船が全速力で自分たちのほうに向かってくるのを見ることほど、恐ろしいことはない。気の毒な敵船の乗組員は、ぞっとするような叫び声を上げる。ときには敵船を真っぷたつに切り裂くこともある。もうひとつの戦術は、敵船と並行するように近づき、相手の櫂を小枝のようになぎ倒していくというものだ。敵の指揮官はやむなく漕手に水から櫂を引き上げるように指示を出す。すると、その船は傾いて、無防備な状態になる。そうしたら、重装歩兵が乗り込んで最上段の無防備な漕手たちに襲い掛かり、下の2層にいる漕手たちは、船に水が入り込むにつれ、ゆっくりと溺れていく。

アテナイの漕手にとって最も誇らしい瞬間のひとつは、海戦とはまったく関係のないところで起こった。8年前のミュティレネ反乱後のことだ。ミュティレネはアテナイの最も重要な同盟国のひとつなので、そこでの反乱はアテナイにとって深刻な脅威だった。アテナイ人は町の包囲に成功すると、囚人たちをどのように罰するかについて民会で話し合った。何人かの発言者は寛大な処置を求め、別の何人かは皆殺しを提案した。動議が票決にかけられると、僅差の過半数で、すべての男性を処刑し、女性と子どもを奴隷にすることが決まった。しかし、民会が終わると不安が広まり始めた。多くのアテナイ人が、これをあまりにも厳しい処罰だと考えた。実際に、彼らの多くは決定に不満足だったため、すぐに評議会へ行って、翌日もう一度民会を開くように説得した。

男性全員の処刑をすすめた政治家は、クレオンという名だった。彼はこの厳しい処罰が、反乱を企んでいる他の都市への警告になると論じた。寛大な処置を最も強く支持していたのがディオドトスで、もしミュティレネの男性すべてを処刑すれば、将来の事態をさらに悪化させるだけだと指摘した。いったん反乱という決断を下したら、すべての市民が、たとえそれまでは反対していたとしても、もう失うものは何もないと考えて抵抗に参加するだろうからだ。民会での2回目の議論は1回目と同じほど白熱したが、今回はほんのわずかの差で、反乱の首謀者たちだけを処刑することが票決された。

問題は、全男性の処刑という命令を携えた三段櫂船が、すでにミュティレネに向けて出港していたことだった。別の船がそれを止めるために派遣された。アテナイに住むミュティレネ人は、追走する船の漕手たちに、もし彼らが間に合って仲間を救ってくれれば高額の報酬を支払うと約束した。

これは時間との競争だった。信じられないことに、第2の船は最初の通告文が読まれているまさにその瞬間に到着した。第1の船の乗組員たちは、このような残酷な命令を実行するのをためらって、可能なかぎりゆっくりと進んでいたのだ。もし第2の船の到着がほんの少しでも遅ければ、処刑が実行されていただろう。

ディオドトスは正しかった。彼は慈悲を示すように訴えていたのではなく、良識を説いていたのだ。

死傷者と退役軍人

重装歩兵戦の死傷者は、おそらく全体の1割くらいはいるだろう。負傷すると、簡単な応急処置を受ける。手足の切断はよくあり、切断箇所から感染する危険がつねにある。もちろん、麻酔や鎮痛剤はない。海戦での負傷率は、船が沈むかどうかで変わる。もし沈没すれば、ほとんどの乗組員が溺れ死ぬ可能性が高い。何らかの理解しがたい理由のために、アテナイは国として、水兵たちに泳ぎを学ぶことを義務づけていない。

もし運よく勝者として帰還できたとしても、パーティーで祝ってもらえると期待してはいけない。すべての市民が兵役に就くのだから、それはたいした業績ではない。毎年、戦争の時期の終わりに、その1年間に死亡した人たちに敬意を表して、ケラメイコスで儀式が行なわれる。戦死者の灰は10部族それぞれのための10の大きな棺に入れられ、身元不明の戦死者用の棺がもうひとつある。

退役者が身体障害のためにもう自分の力で生活できないことを500人評議会に証明できれば、国の年金を受け取ることができる。しかし、1日あたり1オボロスという微々たる額だ。1オボロスは1ドラクマの6分の1の価値で、1ドラクマは重装歩兵の日給だ。

父親が戦死して孤児になった息子たちは、国の費用で養われる。彼らが成人すると、大ディオニュシア祭の間に開かれる卒業の儀式に参加する。演劇が上演されるのと同じ祭りだ。

重装歩兵として戦う

最も尊敬されるアテナイの重装歩兵は、紀元前４９０年のマラトンの戦いに参加した者たちだ。あなたが紀元前４２０年にアテナイに到着するころには、彼らはみな死亡しているだろうが、彼らの名声が消えることは永遠にない。喜劇作家のアリストファネスは、『アカルナイの人々』のなかで、彼らを合唱隊にした。マラトンで戦った重装歩兵の多くは、アッティカの最北部にあるアカルナイというデモスの出身だった。アリストファネスは彼らを、スパルタと和平を結ぶことに反対する、頭の固い人たちとして描いたが、それでも、愛情のこもった描き方ではあった。マラトンの男たちが戦闘で負けていたら、ペルシア軍がアテナイを破壊していただろう。

マラトンはアッティカの北東の海岸に位置し、細長いエウボイア島の対岸にある。アテナからは40キロほど離れている。ペルシアのダレイオス王は、アテナイとエレトリア――エウボイア島の西海岸にあるポリス――の両方に遠征軍を送った。現在のトルコの海岸に住むイオニア系ギリシア人がペルシアに対する反乱を起こしたときに、援助をしたことへの報復である。

アテナイ人とエレトリア人はペルシア帝国の主要都市サルディスを攻撃し、アルテミスの巨大な神殿を破壊した。しかし、この町を占領するには至らず、イオニア人を見捨ててそれぞれの国に帰還した。

エレトリアを焼きつくしたペルシア軍は、エウボイア島とアッティカの間の海峡を渡り、マラトン湾に上陸した。今度はアテナイが報復を受ける番だった。アテナイ市民はパニックに襲われた。市民はアテナイを防御するか、それともマラトンに進軍するかで、なかなか合意できなかったが、白熱した議論の末にマラトンへ向かうことを決定する。

彼らはフィリッピデスという名の最速の長距離走者を２４０キロ離れたスパルタまで派遣し、軍事援助を求めた。スパルタは心からの同情を表明したが、アポロン神を敬う宗教的な祭りの最中だという理由で、祭りが終わるまでは援軍を送ることはできないと断った。スパルタはいつも失望させてくれる。

フィリッピデスがマラトンに到着すると、最初は誰もが落胆した。しかし、悪い知らせばかりではなかった。戻ってくる途中で、彼はパンと出会っていた。下半身が山羊の牧神パンは、正式な聖域を設けることを条件に、アテナイ人のために戦うと約束してくれた。

とるべき行動については、将軍たちの間で意見が分かれていた。当時は１日ごとに指揮官となる将軍が交代するのが決まりだった。最後には、ミルティアデスという将軍が戦闘への参加を支持した。通常どおり、予言者が犠牲の動物を捧げ、賛歌を歌い、ミルティアデスが攻撃命令を下した。アテナイ兵は血も凍るような叫び声を上げ、厳密な隊形を維持しながら、ペルシア軍に向かって全速力で走っていく。これは簡単なことではない。オリュンピア競技祭では、「重装歩兵徒競走」と呼ばれる、このときとほぼ同じ距離を走る競技がある。競技者は戦争のときの装備を身に着けて、互いに向かって走っていく。誰もが真剣そのものだ。ペルシア兵を直接攻撃できるほどの距離まで近づくと、アテナイ兵は槍を下げ、大量の煉瓦のように突進した。

重装歩兵戦は、想像しうるかぎり最高に強烈な経験となる。自分のすぐ前にあるものしか目に入らない。兜は両目のところに細い切込みがあるだけだからだ。接近戦になると、命令も耳に入らなくなる。敵とぶつかり合うすさまじい音に加えて、自分の心臓もばくばくしている。ほとんどの時間は自分の本能に従って、右隣の仲間と離れずにいるしかない。隣の盾が重なって守ってくれているからだ。ほとんどの重装歩兵戦では、勝者は戦場の陣地を広げるだけで満足し、敵が残していったものを戦利品として積み上げた記念碑を立て、帰途につく。しかし、このときのアテナイ兵は自分たちの存亡をかけて戦っていた。

ペルシア軍は武装した兵士が全速力で向かってくるのを見たことがなかった。多くがその場で立ちすくみ、動けなくなった。盾を放り投げ、逃げ出した者もいた。言い換えれば、彼らは「パニックに陥った」。つまり、パン神が約束どおり、パニックの神としての力を発揮したのだ。アテナイ軍は敵軍に十分に接近すると、槍で突き刺し、槍が使いものにならなくなると投げ捨てて、剣を使った。

戦闘は1時間もしないうちに終わった。最終的にペルシア軍は船に逃げ帰り、そのまま撤退しようとした。しかし、浅瀬の湾での舵取りは困難で、アテナイ軍は逃げおおせようとするペルシア軍にさらなる死傷者を加えた。

しかし、それが終わりではない。ミルティアデスは勝利した自軍の兵たちに、アテナイまで行進し、というより速足で戻り、敵の攻撃に備えるように命令した。疲れ切ってはいたものの、誰も不満を口にしなかった。これ以上にないほど士気が上がっていたのだ。

アテナイから南に8キロほどのファレロン湾に到着したペルシア軍は、下船の準備をしていた。しかし、アテナイ兵が浜辺に並んでいるのを見て考え直し、そのまま沖へ出た。こうして、パン神はアクロポリスの北側の洞穴に自分の聖域を獲得した。

アテナイ側の戦死者はわずか192人だった。ペルシア軍の死者は6500人にも達した。アテナイの民会は戦死した192人の英雄的行為を称えることを決定し、毎年、国家行事として彼らのために犠牲を捧げている。彼らの灰はアテナイに持ち帰ることなく、戦場に埋められた。それが当時の慣習だった。あなたも現地に行けば、彼らの遺灰が埋まる盛り土を目にするだろう。そこが、戦闘の形勢がアテナイの有利に変わった地点のしるしだ。現在もまだそこに残っている。

ひとつだけ、この物語には悲しいエピソードがある。フィリッピデスの身に起こったことだ。彼はマラトンでの勝利の知らせをアテナイに伝える役割を志願したが、それを伝えた直後に、その場で倒れて死んでしまった。彼はアテナイからスパルタまで記録的なスピードで走り、ほとんど休憩もとらないまま、再びアテナイまで一気に走った。その距離が、いまやマラソンの距離の基準として有名な26マイルである〔現在の正確な距離は26マイル385ヤード（42・195キロ）〕。

この戦闘にはどこか不可思議なところがあった。どう計算してもアテナイ軍が勝利する見込みはなかった。しかし、ひとたび攻撃を開始すると、その勢いは止まらなかった。もし負けていれば、民主主義は暗礁に乗り上げていただろう。

法と秩序

アテナイの治安維持

警察部隊というものは存在しない。そのため犯罪を取り締まるのは地域の自警団やそれに相当する組織の役割となる。アテナは人類学者が「対面社会」と呼ぶもの、つまり住民の大多数がお互いに顔見知りという社会なので、強盗犯が見つからずに逃亡するのはかなりむずかしい。犯罪者が確実に処罰されるように誰もが望んだのは明らかだ。それが、地域の治安維持に貢献している。その結果同じ理由により、悪事はしばしばそのコミュニティ内で、何らかの形で「解決」される。その結果、多くの犯罪者はその罪の告発を受けずに終わる。言い換えれば、アテナイは自警社会なのだ。

犯罪と犯罪性

古代社会全般について、問いかけるべき最も魅力的な質問は、そして、実質的に答えるのが不可能な質問は、「犯罪率はどれくらい?」だろう。特定の犯罪、あるいは犯罪全般について理解を助けてくれる統計はない。統計はまだ発明されておらず、社会的傾向という意識もほとんどない。

矛盾を恐れることなく言えるのは、スパルタはアテナイよりも法に従う社会ということだ。ただし、スパルタの若者は奴隷(ヘイロタイ)を自由に殺すことができ、ある程度は奨励すらされた。アテナイの法廷での発言の大多数は記録が残っているが、ほとんどは「知能犯罪」にあたり、不正な遺産相続の主張などといったものだ。暴力犯罪についてはめったに耳にしない。もちろん、だからといって、暴力犯罪が起こらなかったと考えるべきではない。少し前に述べたように、個人や財産に対するほとんどの犯罪は、おそらく別の方法で解決されている。

本当に大きな疑問は、とくに古典期のアテナイと古代ギリシア全般が、現代社会よりも法を順守しているかどうかで、これは私たちが答えを出そうとして出せる疑問ではない。結果として、このテーマについては私からあなたに、これといって助言できることはない。あなたが現代社会にいるときよりも安全に感じられることを願うばかりだ。きっと到着後すぐに、アゴラでひどい目にあったばかりのアテナイ人から話を聞くことになるだろう。

裁判にかけられる

警察がないのと同じように、検察官も存在しない。したがって、悪事をはたらいた者への対処は、被害者が責任をもつ。しかし、それが国家に対する犯罪であれば、「誰でも望む者」が、行動を起こすことが認められる。ソクラテスものちにそれによって裁判にかけられる。彼とはまったく関係のない3人の市民が、国家に対する損害と彼らがみなす罪で、彼を告発するのである。原告側は執政官(アルコン)のひとりに訴え出る。もしそのアルコンがその主張がもっともだと判断すれば、被告人を召喚し、裁判手続きを行なう日を指定する。

法廷では、被告人は同胞が務める陪審員団の前で起訴される。その点は現代の制度とよく似ている。現行犯でないかぎり、罪の重さにかかわらず、裁判の日までは拘束されない。被告人の多くはその間に、有罪判決が下されるのを恐れて、公正な裁きに直面するよりも国外に逃亡しようとする。国家に対する罪でないかぎり、彼らを捕らえて法廷に引きずり出す努力はなされない。「厄介払いができてよかった」というのが、一般的な態度だ。

陪審員団は人数が多く、601人もの数になることもある。原告がまず発言し、間を置かずに被告が発言する。どちらにも自分の言い分を主張するための同じ時間が与えられる。証人は呼ばれないが、あらかじめ聴取した証言が法廷で読み上げられる場合もある。奴隷に証言を求めるときには、拷問下でそれが行なわれる。拷問は、紀元前4世紀のイサイオスという弁論家の言葉を借りれば、「真実を引き出す最良のテスト」と信じられている。裁判の進行を司る判事はいるが、その役割は手続きの監督と秩序を維持することだけだ。裁判は公開されるので、発言者はたいてい、法廷の外からの妨害に対処しなければならない。ときには裁判が一種の観戦スポーツになったりもする。原告と被告の主張が終わると、陪審員団はただちに退場して内々で投票する。審議のための時間はない。

票を数え終わると、陪審員団は法廷に戻り、判決が読み上げられる。もしわずか1票の差で被告が有罪になったときには、被告と原告の両方が適切な罰を提案する。ただし、法によって量刑が決められている犯罪もあり、たとえば、強盗、窃盗、奴隷の誘拐、反逆、不信心な行為は、自動的に死刑が適用される。最も多い刑罰は、罰金、市民権の剝奪、国外追放だ。有罪になった人を禁固刑にするという選択肢はない。国家は囚人を公費で養うための資金をもたないからだ。ソクラテスのように死刑を宣告され、逃亡の恐れがある者だけは拘置されるが、判決から処刑まではほんの短い時間しかない。

もし原告が陪審員団の5分の1の票を確保できなければ、悪意ある告発をした罰として1000ドラクマの罰金を支払わなければならない。どちらの側も、どんな理由であっても控訴はできない。裁判手続きは一般に、せいぜい半日で終わる。

旅行

旅の手段

古代ギリシア人の多くは、楽しみとしてであれ仕事のためであれ、ふだんから長距離を歩く。プラトンの『国家』の冒頭で、ソクラテスは祭りに参加するため、アテナイからピレウスまで8キロほどを歩く。もし彼を見かけた友人から家に寄っていくように誘われなければ、同じ日のうちにアテナイまで戻っていただろう。荷車で旅行をするギリシア人は少数派だ。田園地方では、男性も女性もロバに乗っている姿をよく目にする。道がでこぼこなので、どんな距離でも、馬はほとんど役に立たない。同じ理由により、馬車は移動手段としては適さない。山が多い地形も、各地に都市国家が別々に発展した理由のひとつだ。ひとつのポリスから別のポリスへの移動が非常に困難なためである。

舗装された道路はほんの短い区間しかなく、おもに祭りのときの行列が、出発地から目的地となる祝福される神の聖域まで厳かに進むためのものだ。したがって舗装の目的は、実用的というよりも宗教儀式のためである。あなたが目にする道のほとんどは、ほこりっぽい小道だろう。どこかへ本当にすばやく行きたければ、走るしかない。古代ギリシア人はおそらく子どものころからそうしてきたので、足の裏の皮膚が硬くなり、石やいばらがあってもほとんど気にならない。もちろん、それは男性の場合の選択肢だ。女性は本当の緊急時をのぞき、衣服のすそをたくし上げて、ひざを露出するなどもってのほかだ。

追いはぎや野生動物に攻撃される危険はつねにある。デルフォイからテーバイまでの道でオイディプスとライオスの間に起こった口論は、ライオスの死につながるが、これは現実に起こりうることだ。ひとたび市街地から離れれば、いつ命を脅かす状況に遭遇してもおかしくない。

雄牛が引く荷車は重い荷物を運ぶには最善の方法だが、雄牛はたとえ全速力で駆けたとしても、1時間に3キロほどしか進まない。

古代ギリシアには航行できる川はないに等しく、地域間を結ぶ川もない。その不便さを埋め合わせるために、各地域をつなぐ役割を果たしているのが海だ。海外貿易は多くの都市国家にとって重要な経済活動の一部となっている。しかし、海賊に襲われる危険はつね

馬の乗り手

にあり、あまりにも頻繁に出没するので、ほとんど日常の風景ともなっている。アテナイの町が海岸から8キロも内陸に建設されたのは、海賊を恐れたからだ。そして、海神ポセイドンがあおり立てる嵐も起こる。

旅行中の宿泊場所

都市部、とくに港の周辺には、宿として利用できる施設がたくさんある。残念ながら、その多くはトコジラミやネズミなどのすみかとなっているので、がまんしなければならない。田園地方では宿というものは存在しない。この不便さは、古代ギリシア人が歓待の心を大切にしていることによっていくぶん軽減される。貴族の間では、クセニアと呼ばれる「もてなしの精神」が制度化されてすらいる。クセニアのルールに従い、貴族は同じ貴族階級の家に、連絡なしで訪ねることが認められている。彼はその家の客人となり、好きなだけ滞在させてもらえる。この取り決めはゼウス・クセニオスの保護を与えられ、ホメロスが『オデュッセイア』のなかで、ギリシア社会の傑出した特徴として描いている。貴族たちは外国を安全に旅できるだけでなく、外国の町に住む同階級の貴族たちと長期にわたる関係性を築くことができる。クセニアはおもに貴族階級に限られたものだが、庶民もまた、外のコミュニティとの関係を築くことができる。これによって、彼らもそれほど遠くない距離であれば心配なく旅ができる。

最後のアドバイス

古代ギリシアでの生活に順応するのは、かなりの挑戦になることは間違いない。あなたがこれから積み重ねていく毎日には、便利な生活用品も、労力を節約できる道具も、21世紀の私たちに厳しい現実を忘れさせてくれるたくさんの娯楽もない。洗濯やパン作りなどの基本的な家事はすべて手作業で、あなた、あるいはあなたの家の奴隷が日課として、毎日何時間もかけてこなす。夜明けとともに起き、日暮れとともに眠りにつくことも多い。

冷蔵設備はなく、氷は手に入らない。そのため、食料はすぐに腐ってしまう。収穫が予測不能なので、食料不足も頻繁に起こる。そのため、おそらく空腹に耐えなければならないときもあるだろう。ただ生き延びるだけでも大変なのだ。

もしかしたら、あなたはひとつの部屋で、大勢の親類と一緒に生活することになるかもしれない。奴隷たちは、あなたの生活のすべてを知っている。何であれ彼らに秘密にしておくことはほぼ不可能だ。

娯楽に関しては全面的に友人たちに依存することになるだろう。例外として、1年にほんの何回か、演劇を観る機会があるかもしれない。人との会話を何より大事にすることをおすすめする。あなたはある程度の読み書きはできるだろうが、現代の書物に相当する巻き物に使えるお金はあまりないだろう。

あなたはあらゆる面において、ぎりぎりの暮らしをするだろう。事故や病気、飢え、火事、戦争などの危険にあいやすい生活は、神々の移り気、嫉妬深さ、執念深さにも反映されている。

強くおすすめしたいのは、万一に備えて蓄えておくことだ。もっとも、私のこの助言をあなたが受け入れるかどうかは疑わしい。何より将来を考えるだけの余裕がないからだ。富裕層だけがお金やその他の財産を蓄えられる。

病気になったり、けがが原因で体が動かなくなったり、年をとっても、国や他人が手を差し伸べてくれると思ってはいけない。国は特別な少数の障害者をのぞき、困窮する市民の面倒を見ることを義務とはみなさない。したがって、頼れる家族や友人がいなければ、おそらくあなたの生涯に必ず起こるだろう多くの危機を乗り越えるのが非常にむずかしくなる。まだ幼いころから、あなたは死につきまとわれる。身近な人の死もそうだし、自分が命にかかわる危険に遭遇する可能性もある。

つまり、そこは文字どおり、食うか食われるか（ドッグ・イーツ・ドッグ）の世界だ。それで思い出したが、近づいてくる動物を追い払うために、いつも石を何個か持ち歩いたほうがいい。屋外で見かける犬のほとんどは腹を空かせている。手をなめたかと思えば、すかさず足にかみついてくる。

否定的なことばかりで、あなたの意欲をすっかりそいでしまっただろうか。そうでないことを祈りたい。古典期のアテナイに移住する決断を後押しする要素もまた、たくさんある。古典期アテナイのオイコスは、現代社会の普通の家族よりも緊密な関係を築いている。現在よりも大きなコミュニティに属し、そこで強い同族意識を感じられる。ポリスは現代のほぼどの社会よりも、同質的で統合されている。これは民族的な同質性ということではない（それも考慮に値する側面ではあるが）。私が意味するのは、奴隷を含め、ポリスに属するすべての人々が、生存に関わる逃れられない現実に直面しているということだ。その最たるものは、人生が予測不能であることだろう。言い換えれば、誰もが運命をともにしている。

罪の意識に悩まされることはないとわかって、あなたはほっとするだろう。ただし、現代社会よりも恥の意識は強い。事実、人々に正しい行動をさせる動機づけとなるのは、たとえば、ここそ逃げだすより勇ましく戦うことを選ぶのは、罪悪感からではなく恥をかきたくないからだ。

悪臭を放つ糞便の山のそばに立っているのでないかぎり、アテナイの空気はあなたがこれまで経験したことのないほど澄んでいる。天気のよい日にアクロポリスの丘に登れば、１００キロ近く離れたペロポネソス半島のアクロコリントスまで見渡せる。夜になれば、現代のどの先進国で見られるものより星の数が多く、ずっと明るい。食べ物に化学物質は含まれない。

人種差別はほとんど存在しない。古代ギリシア人がペルシア人を含む非ギリシア人を、蛮族（バルバロイ）と呼ぶのは本当だが、その軽蔑的な呼び名は、おもにギリシア人が非ギリシア人の言葉を理解できなかったことによるものだ。ギリシア人の耳には、彼らが「バーバーバー」と言っているように聞こえる。バルバロイという語は、ギリシア・ペルシア戦争の間に広く使われるようになった。ペルシア軍がギリシア人にとって致命的脅威となった戦争だ。終戦後、その偏見はほとんど消え去った。あなたが肌の色に基づいた差別に出くわすことはほぼないだろう。それよりも、古代ギリシア人はあなたが思っているより肌の色が濃いとさえ気づくかもしれない。

古代ギリシアの女性は一般に男性の権威に服従するが、あなたが女性として古代ギリシアに戻ったとして、たとえ家から出ることがほとんどなくても、自動的に自分の生活に多くの不満をもつとは限らない。個人の自由を犠牲にしても、面倒を見てもらえることに一定の利点を見いだすかもしれない。そこは日常に多くの危険と脅威が潜む社会だ。もしあなたが冒険好きで進取の気性に富む女性なら、ヘタイラになることを考えるかもしれない。そうすれば、間違いなく魅力的な興味深い人たちと交流し、あなたの意見も真剣に聞いてもらえるだろう。

21世紀の感受性は古代にもち込まないこと。あなたは奴隷制の倫理や女性解放支持を議論する人たちと出会うことはない。奴隷制は人生の不変の事実として受け入れるしかない。アリストテレスは『政治』のなかでこう書いている。「誰かが支配し、他の者が支配されるのは、必要であるだけでなく、目的にかなってもいる。誕生の瞬間から、一部の者は支配されることが運命づけられ、他の者は支配を運命づけられている」。

あなたは思いやりの心をしまっておかなければならない。よいことをしようとする本能より、生きるための必要を選ばなければならない多くの状況に出くわすだろう。たとえば、もし食料が不足すれば、家計に貢献しない者より稼いでくれる者を優先しなければならない。人類学者が「善意の放置」と呼ぶものの結果として、高齢者は飢えてしまうかもしれない。それはどうすることもできない。それが人生だ。あなたはどの子を育て、どの子を優先し、どの子に食べ物を与えるかさえ、厳しい決断をしなければならないかもしれない。21世紀の感受性には非常に耐えがたい種類の決断だ。あなたはまた、胸がしめつけられる悲惨な光景も目にするだろう。多くの人が身体障害を負っていたり、体が変形したりしている。アテナイ人の大半は、現代の私たちの基準からすれば、とても貧しい。もっとも、そのうち実際に貧困にあえいでいるのはほんの一部で、おそらく人口の1パーセントほどだろう。本当に裕福な人の割合も同じくらいだ。

あなたの聴力はとぎすまされていくだろう。かなり遠くの音も聞き取れるようになる。臭覚も同じように強くなる。現代社会で生活するよりも、自分の身を守るためにこうした感覚に依存しなければならないからだ。スプレッドシートもファイリングキャビネットもないので、記憶力も磨かれていく。文学作品の長い文章を記憶し、長い演説をし、苦もなく情報をすらすらと伝えられる。すべての情報は、私たちが「脳」と呼ぶ複雑なコンピュータのなかに安全にしまい込まれる。もちろん、年をとれば話は変わってくるが、少なくとも30歳かもう少し上の歳までは、感覚はずっと鋭くなる。

そして、あなたはあやしげな技術の発展から逃れられる。電子メールに悩まされることもなければ、子どもたちが昼も夜もメッセージを送り続けたりもしない。つねにじゃまされたり気をそらされたりすることなく、生活のなかの大事なことに集中できる。

これは明らかなことだが、それでもはっきり述べておく価値がある。公害はなく、風景を台無しにするパイロンや電柱もなく、地方の奥深くでさえ騒々しい自動車道路はなく、海や川に油膜はなく、産業廃棄物の山もない。もちろん、自然災害はかなり頻繁に起こるが、ストレスが多いと不満をもつことはない。精神疾患はほぼ間違いなく存在するが、現代社会よりはずっと少ない。古代社会における人生の多くの問題の解決策は、単純に生きる望みを失わないことだ。

そして、もしあなたにほんの少しでも感受性があれば（間違いなくあるだろう）、人類に汚染されていない自然の美しさに圧倒されるだろう。

古代ギリシアの詩人たちはいつも人間のみじめさについて書き、死にあこがれている。悲観的なソフォクレスは、「地上の人間はそもそも生まれてこないほうがよかったのだ。もし生まれたなら、できるだけ早くハデスの門をくぐったほうがいい」と書いた。同様にヘロドトスは、ある母親がヘラ女神に自分のふたりの息子に最大のご加護を与えてほしいと祈ったとき、息子たちは夜に眠り込み、安らかに死んだと書いた。しかし、それが大半の人々の考え方だろうか？　私にはそうは思えない。多くの古代ギリシア人は、人生を最大限に楽しんでいるのではないだろうか。私が古代ギリシアに戻りたいと思うのも、あなたにそれをすすめるのも、それが何よりの理由なのだ。

「今日という日をつかめ」（今を生きる）という教えは、ラテン語のcarpe diem（カルペ・ディエム）というフレーズを通して、私たちにもなじみがあるが、ローマ人は何事もそうだったように、ギリシア人のまねをしていたにすぎない。これはギリシア人が生み出した概念だ。この言葉は、人生の短さと危うさに加えて、生をまっとうしようとする思いの強さを伝える。

映画『いまを生きる』の故ロビン・ウィリアムズ演じる主人公のように、彼らは毎日、私の耳にその言葉をささやき続けている。

古代ギリシア人へのインタビュー

このセクションでは、社会階級や職業、住む場所が異なる何人かの古代ギリシア人とのインタビューをお届けする。これらの証言が、あなたが彼らの視点から世界を見るのを助け、あなたが古代ギリシアで経験するだろう物事への準備に役立つことを願っている。

ヒッポクレイア――貴族階級のアテナイの少女

これまでのところ、私は運がよかったと思います。兄弟姉妹は誰も死んでいないし、両親はとても裕福な貴族。私は女性として魅力的だし、父のところにこれまでにもう4度も結婚の申し込みがありました。私はまだ12歳なのに！　神々がお与えくださるすべてのご加護に感謝します。

私の家族はエテオブータダイ。エテオブータダイはアテナイの最も高貴な氏族(ゲノス)です。私たちに匹敵する氏族はアルクメオン家だけでしょう［エテオブータダイは宗教的名門で、アルクメオンは世俗的名門」。でも、アルクメオン家の一員になんてなりたくありません。彼らは呪われているから。遠い昔に冒瀆的な行ないをした彼らを、神々は決してお許しになりません。冒瀆的な行ないというのは、神をひどく怒らせる行為のこと。彼らの祖先は、アクロポリスのアテナ女神像のひざにすがった何人かの嘆願者を殺しました。嘆願者は神の庇護のもとにあるので、神に祈っている人々を殺すのは最大の罪のひとつになるのです。

父はアルクメオン家の人たちが大嫌いです。アルキビアデスという名の若い男がいて、父は彼のことを本当に憎んでいます。アルキビアデスはすべての若い男女を興奮させます。とてもハンサムで、父よりも裕福で、競走馬をたくさん持っているし、オリュンピア競技祭の馬車競走で賞をとりました。アルキビアデスは自分のことしか考えない男だと父は言うけれど、私なら喜んで彼の妻になるでしょう。もっとも、彼はエテオブータダイとは絶対に結婚しないので、その可能性はないでしょうけれど。それに、アルキビアデスはすでにヒッパレテという醜い年増(としま)と結婚しています。ただ、彼が離婚するつもりだといううわさも広まっています。

父の話では、スパルタ人とのひどい戦争に私たちを巻き込んだのは、アルクメオン家のペリクレスです。実をいうと、父はスパルタ人が好きで、友人もたくさんいるので、戦争をしたくないのです。父は民主主義も好きではないのだけれど、それは誰にも言ってはいけないことのようです。父は、ほとんどの人は無知で愚かなので、権力をもつべきではないと言います。父はスパルタとの戦争も愚かなことで、何のよい結果も得られないと考えています。

私のような貴族の家の少女はアテナイでは非常に大事な存在です。そのことは、アテナイの初代の王であるエレクテウスの物語が証明しています。エレクテウスの母親はアテナ女神でした。女神は彼をアクロポリスの自分の神殿で育てました。その神殿には大きな蛇がいます。エレクテウスが成人すると、彼は王になり、エレウシスの人々と戦わなければなりませんでした。今はアッティカと呼ばれる土地の西に住んでいた人たちです。王はデルフォイへ行き、アポロン神にどうしたら戦いに勝てるかをたずねました。アポロン神は、勝つための唯一の方法は、娘のひとりを犠牲として捧げることだと答えました。それを想像してみてください！

エレクテウス王はどの娘を犠牲にすべきかがわかりませんでした。娘は3人いて、どの娘も平等に愛していたからです。ところが、そのひとり、カソニア（この名前は「素朴な」を意味します）がこう言いました。「お父様、私がアテナイのために犠牲になります」。彼女はとても勇敢だったとわかるでしょう？　父王は同意しました。何としてでも戦争に勝って、エレウシスの人々を罰する必要があったからです。でも、そのとき、カソニアのふたりの姉妹が、カソニアをひとりで死なせたくはないと言ったのです。3人姉妹はとても仲がよく、ひとりだけ失うことには耐えられないから、と。父王は結局、娘を3人とも犠牲に捧げました。これはとても悲しいお話です。そして、エレクテウス王は心を痛めて死んでしまい、蛇になりました。それが、アクロポリスに住んでいる蛇です。

それでも、私の母は最後にはすべてがうまくいったと言っています。エレクテウスの娘たちのおかげでアテナイはエレウシスとの戦争に勝ちました。私も、もし父に頼まれれば、喜んでアテナイのために自分の命を捧げます。父がそうしないことを願いはしますけど。ご存知のように、エテオブータダイは高貴な氏族です。人々が私たちを尊敬し、私たちを特別だと思っているのは正しいことです。たとえそうでも、私は妹のカリオペが私と一緒に死を志願するとは思いません。自分のことしか考えない子ですもの。妹なんて、ネズミにかじられてしまえばいいのに。

ポセイドン・エレクテウスの神官になれるのは、エテオブータダイだけです。ポセイドン神はアクロポリスの丘の上に水を噴出させ、私たちが彼に敬意を表して、この町をアテナイではなく、ポセイドニアと名づけることを望みました。ところが、ケクロプス王はアテナ神からの贈り物であるオリーヴの木にもっと感銘を受けました。そのため、私たちの町はアテナイという名になりました。アテナイにこれほど多くのオリーヴの木があるのもそのためです。それから、私の父がこれほどお金持ちなのも。父は大きなオリーヴの林を所有しているのです。ポセイドンは彼の贈り物を取り返すことはできませんでした。神々にはそんなことはできません。だから、アテナイには世界で最も強い海軍があります。すべてはポセイドン神が噴出させた水のためです。神々が私たちのことをたくさんたくさん、愛してくださっていることは間違いありません。

私が7歳のとき、父と母がブラウロンに連れていってくれました。アッティカの東海岸にあるデモスです。ブラウロンにはアルテミス女神の大きな聖域があります。この女神は野生動物

オリーヴの木立

を守っています。アルテミスは処女神なので、男性とは関わり合いたくありません。女の子はアルテミス女神を怒らせないように注意しなければなりません。もしこれから結婚しようというときに、この女神に贈り物を捧げなければ、彼女に罰されるでしょう。もしあなたが私のような貴族なら、両親があなたをアルテミスの聖域に連れていき、そこに数日間置き去りにします。そこで、アルテミス女神の神官たちが、あなたに黄色い服を与え、「熊の演じ方」と呼ばれるゲームを教えます。とても楽しい遊びです。あなたはかぎ爪のある熊のふりをして、飼いならされていきます。ブラウロン滞在の終わりには、両親は安心してあなたを家に連れ帰ることでしょう。アルテミス女神がすっかり満足して、もうあなたに災いをもたらしたりしないからです。たとえば、出産のときに死んでしまうようにしたりはしません。私が知るひとりかふたりの女の子は、やはり熊を演じましたが、出産のときに死んでしまいました。母によると、それは初潮を迎えたときにすべてのおもちゃをアルテミスに捧げなかったからだそうです。私は初潮を迎えたら、絶対にアルテミスにすべてのおもちゃを捧げます。危険は冒したくありません。

父の話では、私は来年のパンアテナイア祭で、アテナ女神に捧げるかごをもつ「カネフォロス」を務めることになりそうです。そのときまでにまだ結婚していなければ、の話ですが。

ファイナレテ——未亡人

私の夫ティモンは昨年、悲劇的な事故で亡くなりました。彼は盾工場を所有し、とても裕福でした。その工場の屋根が崩れ落ちたのです。屋根裏に保管していた盾の重さが原因でした。彼は即死ではありませんでした。即死のほうがずっとよかったでしょう。事故を生き残った作業員ふたりが夫を家まで運んできました。彼は胸がつぶれて、ほとんど息ができない状態でした。何日も苦しんだあとに、最後のうめき声を上げると、死んでしまいました。

ティモンは私にとってはよい夫でした。仕事熱心で、正直な市民で、家族によい暮らしをさせてくれました。生まれた9人の子どものうち4人が幼少期を生き残りました。長子のミロは現在12歳、末っ子のアルキッペはまだ2歳です。奴隷は4人いました。ひとりは子どもたちの世話をし、もうひとりは買い物や料理をし、残りのふたりは畑仕事をしてくれました。

夫は奴隷たちを誘惑したりはしませんでした。それは最近ではめずらしいことです。彼がそうしていたら、私は間違いなく気づいていたでしょう。ひいきにされた奴隷はずうずうしくなるものなので、すぐにわかります。もちろん、家の外で夫が何をしていたかは別の問題です。

でも、外で起こることは外のこと、と考えるのが一番だと思います。夫は毎晩、家に帰ってきて自分のベッドで寝ました。帰ってきたときに着ているものが乱れていたことは何度かありましたが。

夫が死んだときは、本当に大変でした。銅の供給業者に多額のお金を借りていることがわかったからです。夫は借金をまだ返せていませんでした。売ったばかりの盾を引き渡して、その支払いを待っているところだったからです。盾を購入した男性は、私が未亡人になったと知ると、支払いを拒否しました。私が法的訴えを起こせないことを知っていたからです。私は社会的な弱者で、頼りにできる人もいませんでした。両親はどちらも数年前に死んでしまい、守ってくれる兄弟やおじもいませんでした。

私は銅の供給業者に夫の蓄えのほとんどを渡さなければなりませんでした。そして、家を売って、おばのニカゴラのところに移り住みました。ニカゴラも未亡人です。私たちふたりで、養う子どもたちが8人になりました。少なくともティモンの父親は、私の持参金を返却してくれる良識の持ち主でした。ニカゴラは枝編み細工のかご作りや、墓所や神殿用の飾りひもを染める仕事をして、生活しています。

私は子どもたちがみな結婚するのを見届けるまで生きられれば十分です。娘のすべてに持参金を持たせることはどう考えても無理でしょう。次の誕生日には30歳になり、どんどん年をとっていきます。最後の妊娠のときに、すっかり体力が落ちてしまいました。赤ん坊は死産で、私も重い感染病にかかり、もう少しで命を落とすところでした。

こんな話をすると不運な身の上話に聞こえるでしょうが、神々が私にお与えくださったすべてのものに感謝しています。私はいつも、ホメロスの『イリアス』のなかの、ゼウスのふたつの壺についての話を思い出します。ひとつには幸運が、ひとつには災いが入っています。運がよければ、ゼウスは幸運に災いを混ぜたものをあなたに与えます。運が悪ければ、災いだけを与えます。私は幸運なほうのひとりです。災いを少し含んだ幸運を得られたからです。私は幸せな子ども時代を過ごしました。幸せな結婚をして、４人の健康な子どもたちに恵まれました。もちろん、この先に何が待ち構えているかは、誰にもわかりません。でも、神々に犠牲と祈りを捧げれば、最後まで見守ってくださるはずです。

ディオゲネス――政治家

若いころから、私は公の場で話をすることに魅了されていた。民会が開かれるプニュクスの外をうろつき、政治家たちが議論するのを聞こうと耳をすませたものだ。演説には専門知識、頭脳の明晰（めいせき）さ、自信、カリスマ性、ドラマチックな演出の才能、言葉を使いこなす能力、そして、文字どおりにも象徴的にも、すばやい決断力が求められる。私は幸運にもこれらすべての能力に間違いなく恵まれている。少なくともそう自分自身に言い聞かせている。

偉大なるソフィスト、レオンティニのゴルギアスのもとで学べたことが、何より幸運だった。私の青年時代にアテナイで教えていたのだ。彼は国際的な名声を得ていた。それも当然だ。自分の教え子たちに想像できるかぎり最もむずかしい修辞的訓練を与えたことでとくによく知られる。私が今でも忘れられないのは、夫のメネラウス王を裏切って不義をはたらいたヘレネというとんでもない女が、パリスとともに逃亡したのだが、そのヘレネがこれまでで最も慎み深い女だと証明せよ、という課題だった。ゴルギアスは私たちに弁論術のあらゆる秘訣(ひけつ)を教えてくれた。そのため彼が教えを終えるころには、私たちはいくらでも話し続けられるようになっていた。あなたがそれを認めるかどうかは別として、私の仕事にはそれが不可欠なのだ。

つまり、演説者としての私のそれなりの成功は、師であるゴルギアスのおかげだと思っている。民会では、しっかりした修辞学の基礎を身につけないかぎり、誰も成功できない。演説は、群衆の心を動かし、必要であれば口説き落とせるかどうかがすべてだ。民会には6000人もの市民が集まることを忘れてはいけない。彼らのほとんどは相当の無知なので、同意を得るためにはかなりの時間をかけなければならない。群衆はふたりの先導する政治家の間で繰り広げられる、禁じ手なしの対決を何よりも好む。そして最後には、彼らの多くがより賢い弁論を展開したと思う側を支持する。その主張が正しいかどうかは関係ない。それがアテナイの民主政だ。われらの民主政が長く続くことを！

裕福な家族の出であることも、私のキャリアを助けた。それについてはためらうことなく認める。知ってのとおり、アテナイで評価される最善の方法のひとつは、演劇の合唱隊に資金を提供すること、あるいは三段櫂船の費用を支払うことだ。それは裕福な者にしかできない。私にはこの両方をするだけの余裕があり、それによって大きな注目を集めることができた。つまり、議論が続いている何かの話題について私が何か言えば、人々はそれに耳を傾けるということだ。それはどんなときにも有利になる。

想像できると思うが、大勢の人の前に立つのはかなりの勇気が必要だ。私が最初に立ち上がったときには、全身の震えが止まらなかった。それは真冬の猛烈に寒い日のことで、私の声は風にかき消されるほどだった。数列後ろにいた人たちが、「おい、若いの、もっと大きな声で話せ！聞こえないぞ！」と叫ぶのが聞こえた。私が言葉に詰まり始めると、彼らは嘲笑し始めた。わが生涯で最大の屈辱的な瞬間だった。ところどころで涙があふれ出そうになるのを止めるだけで精一杯だった。

その夜、私はゴルギアスのところへ行って、何が起こったかを話した。私はまだすすり泣いていた。それを認めるのはまったくかまわない。ゴルギアスは私に落ち着くように言った。そして、自分の前にいる人々の顔は無視し、遠くの一点に集中するように言った。それは、私が受け取ったなかで最善の助言だった。次の民会で議長と目が合ったときには、もうすっかり別の自分になっていた。私はやじを飛ばす人たちをすべて無視して、冷静さを保つことができた。おかげで今では人々から敬意を払われる。ペリクレスが死ぬ前の年に、（比喩的な表現を使えば）彼と剣を交えさえした。

ペリクレスは私の英雄だった。彼は20年近く、政治家として私たちを導いた。彼について私が最も称賛するのは、いつも超然として論争に加わらなかったところだ。非難の的になったときさえ、彼は落ち着きはらっていた。彼の高慢な態度を見て、論敵たちは彼を「オリュンピオス」(「オリュンポスの神のような人」の意)と呼んだ。それで彼が態度を変えようとしたか？　とんでもない。彼は民衆が自分の側につこうがつくまいが、まったく気にしなかった。自分の考えを話すことを決して恐れなかった。かつて彼は民衆に向かってこう言ったことがある。「君たちは完全に腰抜けだ。自分たちが投票で決めた方針を忠実に守ることさえできないようだ。ここで多少なりとも気骨があるのは、この私だけだ」。世論にこれほど無関心だった人物はいない。民衆はそんな彼が大好きだった。

すべての政治家と同様に、ペリクレスも間違いを犯し、何より私たちを戦争に巻き込んだ。スパルタ人に対して一切の譲歩をしてはならないと言ったのはペリクレスだ。アテナイの艦隊は地上最強だと言って、その力を完全に信じていたからだ。そう、彼はその点では正しかった。しかし、その後、疫病がやってきて、気の毒にもその犠牲者のひとりになった。いわば自分自身の言葉の犠牲者だ。これは皮肉と言わざるをえない。きっと神々のなかに、それを見てクスクス笑う神もいたのではないだろうか。過剰な自信は必ず失墜につながるのだ。

今日でも、民会で発言するときには貴族であることが有利になる。支持者の一団を集められるからだ。しかし、何の社会的地位ももたない者が、次第に偉そうに話すようになり、民衆をあおり立てている。私に言わせれば、彼らはまったくの役立たずでしかない。なかでも最悪なのはクレオンだ。クレオンはなんと、悪臭を放つ皮なめし職人の息子だ。しかし、どんな悪者にもよいところはあると認めなければならない。彼は民衆を徹底的に挑発する方法を知っている。彼は道義を重んじず、アテナイのことなどかまいはしない。あるときなど、私たちの最高司令官のニキアスは弱腰だと責めたてた。そして、自分が将軍になれば、ペロポネソス半島の先っぽにある小さなスファクテリア島の周辺で、われわれを翻弄したスパルタ人を捕らえられるだろうと言った。

ニキアスが指揮官を辞任してその地位を彼に譲ると申し出たときには、クレオンはうまく逃れようとしたが、民衆はそれを許さなかった。私はこのとき、この状況がふたつのよい結果のどちらかにつながるだろうと考えた。クレオンを永遠に追い払うことができるか、彼が約束どおりスパルタ人を捕らえるかだ。言い換えれば、これはどちらに転んでも都合のよい状況だった。誰もが驚いたことに、クレオンはその自信たっぷりの言葉どおり、島に上陸してから数日のうちにスパルタ人を捕らえた。

クレオンは新しいタイプの政治家を代表している。自分自身のためだけに政治家になる者たちだ。残念ながら、私のような国の利益を第一に考える男は、消えつつあるタイプと言わざるをえない。私はいつも、自分の考えがアテナイにとって最善の利益になると信じて意見を述べてきた。たとえそれで自分の人気が落ちたとしても、である。

政治家はその仕事のために報酬を受け取らない。私は時々、報酬を得るほうがよいのではないかと思うことがある。政治家はつねに賄賂を受け取っていると非難されるからだ。政治の核心にはつねに腐敗が横たわる、ということなのだろう。ペリクレスでさえ、その告発を免れなかった。スパルタのアルキダモス王が戦争の初期に、地方にあるペリクレスの屋敷を破壊しないことにしたとき、民衆はペリクレスがスパルタ人と共謀しているとして非難した。彼は自分の土地を市に寄付することで、なんとかうわさを鎮めることができた。彼の政策に不服だとしても、ペリクレスが良識ある政治家だったことは変わらない。彼のような政治家はもう存在しない。

私はいつも、無私無欲の愛国心という、私たちが受け継いできた誇らしき伝統について語ってきたが、ほとんどの人はちっとも気にかけない。彼らは私のような信念をもった男よりも、クレオンのようなほら吹きに従うようになっている。愛国心はどこかに消えてしまった。

アウトクラテス——犯罪の被害者

アテナイは危険な場所で、それから逃れることはできない。住民の多くは法律を守る人たちだが、自分が犯罪の被害者になってしまったとわかれば、もう自分でなんとかするしかない。まずはそのことを知っておいたほうがいい。集会などの秩序を守るスキュティア人の弓兵がいるのは本当だが、たとえばあなたが金品を奪われたりしても、彼らは助けにきてはくれない。私もある夜遅くにアゴラを通って家に帰ろうと歩いていたときに襲われたことがある。

ちょうどヘファイストスの神殿を通り過ぎたとき、突然、ふたりの男が現れて攻撃してきた。ふたりは私を地面に押し倒し、顔を殴りつけ、股間を蹴った。彼らが逃げだすころには、私は体の何か所かを負傷し、新しいウールの外套が引き裂かれて血だらけになっていた。足も骨折していて、痛む足を引きずってようやく家まで帰り着いた。おかげでこの先ずっと足が不自由なままだ。医者にきちんと治してもらうお金がなかったからだ。私は多くのアテナイ人と同様、その日暮らしをしている。さらに悪いことに、安全のために口のなかに入れておいた硬貨が襲われている間に落ちて、地面に散らばってしまった。どこにも見つからなかった。私のこの世の蓄えすべてが一撃で消えてしまったのだ。

それは月のない夜だったが、私を襲ったふたりの男の顔はわかった。父親とその息子だった。彼らを知ったのは昨年、砦(とりで)の守備隊の任務に就いていたときのことだ。穏やかな言い方を選んでも、不快な父子だった。私たちは次に見張りにつくのが誰の番かについて言い争いになった。息子のほうが激怒して、私の奴隷の頭の上に室内用便器の中身をぶちまけた。私は翌朝、指揮官にこのことを報告し、指揮官は彼らを厳しく処分した。

ふたりが私のあとをつけ、復讐のチャンスをねらっていたのは間違いない。これは完全に臆病者の行動だった。もし彼らが私の家の近くで襲ってきていたら——私はアテナイの南のアロペケというデモスに住んでいる――、隣人たちが助けに来てくれていただろう。

誰も彼らが私を殴りつけているところを見なかったので、お互いにそれぞれの言い分をぶつけるだけだった。事件の翌朝、私はまだひどい痛みに苦しんでいたものの、執政官のところへ行って折れた足を見せ、苦情を申し入れ、重大な身体的障害を負わせた襲撃者たちを告発した。執政官は1か月かそこらあとに、罪状認否のために彼らを呼び出した。彼らは無罪を主張し、執政官は裁判の日取りを決めた。私は過去に彼らに襲われた人たちを知っていた。そこで、彼らが繰り返し悪事をはたらいていることを示すために、証言を集め始めた。

これらの証言のおかげで、陪審員団（全部で201人いた）に、被告ふたりが根っからの犯罪者なのだと納得させることができた。父親のほうが評議員を務めた年に、500人評議会をほとんど欠席していたことを突き止めたのも、役に立った。評議員はすべての市民が務めなければならない義務なのだ。私自身は評議員になったことはないが、いつも選ばれたいと望んでいるし、もし選ばれれば、その義務をしっかりこなそうと思っている。

私は陪審員団に、私は原告としても被告としても、法廷に立ったことはないと伝えた。最近では多くのアテナイ人がすぐに訴訟を起こす。大きな和解金を得るために、偽の告発をすることを仕事にしている者さえいる。私はひとりの正直で勤勉な市民にすぎない。妻は1年前の出産時に死んでしまい、まだ幼いふたりの子を私ひとりで育てている。民会にはきちんと出席し、国の大きな祭りにはすべて参加し、市民的良心の手本になろうと最善をつくしている。

私の主張のあと、父親のほうのコノンが立ち上がった。彼は裕福なので、プロの原稿書きを雇っていた。しかし、わざわざ原稿を覚えようとはしなかったらしく、読みながら口ごもった。私の考えでは、プロに原稿を書いてもらって成功することはめったにない。陪審員団はすぐに見破る。プロの物書きが書いた立派な原稿どおりに話していることはすぐにわかるものだ。反対に私は心からの言葉を話していた。

コノンは持ち時間を使い果たし、話の途中で遮られ、陪審員団は投票のために立ち上がった。知ってのとおり、審議の時間はない。結果は131対70。私の勝利を報告できてうれしいかぎりだ。判事はコノンと私の両方に罰を提案するように指示を与えた。コノンは50ドラクマという少額の罰金を提案し、私は400ドラクマを提案した。陪審員団は再び投票し、今度も法廷は152対49で私の案を選んだ。

私はこれが、彼らふたりにとって忘れられない教訓になることを望む。父親が息子に法を破るように促すのは時代の風潮ともなり、正直で勤勉な、法に忠実な市民に危害を与えている。道徳心は着実にすたれてきている。私の隣人は先週、自分の息子に殴られた。想像してみてほしい！自分の父親を殴る息子！　そんなことはスパルタでは絶対に起こらないだろう。スパルタ人は両親を尊敬する気持ちがはるかに強い。こう言うと愛国心に欠けているように聞こえるかもしれないが、ときには自分がスパルタに住んでいたら、と思ってしまう。スパルタでは誰もが法を忠実に守る。アテナイではまったく違う。

エウテュプロン――意欲的な哲学者

私はつねづね本当に大きな疑問に関心を寄せてきた。「すべてのものを構成する基本的な要素とは何か」のような疑問だ。タレスはその答えを見つけようとした最初の哲学者だった。彼の故郷ミレトスはイオニアの西海岸にある。哲学はそこで生まれた。

タレスは3世代から4世代前の人物だ。それ以前にこの疑問を口にした者はいなかったと思う。あるいは少なくとも、存在するすべてのものは神々が創造したとされた。タレスはあらゆるものの起源は水だと結論した。考えてみれば、この理論は意味をなす。つまり、水なしで存在できるものはない。人間は水を飲む。動物は水を飲む。花も水を必要とする。タレスは驚くべき科学者でもあり、日食を予言した。

彼の弟子がアナクシマンドロスだ。アナクシマンドロスはひとつの要素だけでは、あらゆるものの源にはなりえないと指摘した。たとえば、もし水が源なら、火はどこからくるのか？　彼はアペイロン（限定されないもの）と呼ばれるものが、あらゆるものの源だという考えに思い至った。アナクシメネスという3人目のミレトスの哲学者は、空気がすべてのものの源だと主張した。これもまた完全に意味をなす。結局のところ、空気は私たちのまわりのどこにでもあり、すべての生物が生きるために空気を必要とする。

心配はいらない。私は哲学の短期集中コースを始めようとしているのではない。だが、私がとくに尊敬している高名な哲学者をあとふたりだけ挙げておきたい。やはりイオニアのエフェソス出身のヘラクレイトスは、永続するものは何ひとつなく、すべてのものが流動的であると主張した。「万物は流転する」と彼は述べた。ただそれだけだ。彼は誰も同じ川に二度は入れないと言って、自分の主張を裏づけた。川の流れはつねに変化しているからだ。イタリア南部のエレア出身のパルメニデスは、反対の見解を示した。彼は、無からは何も生じないとし、存在するものは消えてなくなりはしないとも言った。

こうしたすべての理論について、私は友人たちといつまでも話し続けたものだ。残念ながら、この疑問は、最近の哲学者が関心をもつものではない。それ自体も存在である自然界は、彼らの主たる関心事ではない。1世代ほど前にソフィストたちが現れて、彼らはこの種の疑問の答えを探そうとしてもどこにも行きつかず、完全に時間の無駄だと言い始めたからだ。ソフィストたちは、私たちが確かに知るものは何もないので、あきらめたほうがいいと主張する。本当に重要な唯一のものは(結局のところ、これがただひとつ、彼らが確実に知っていることだとわかる)、どうしたら成功できるかであり、そのための唯一の方法は、議論にどう勝つかを学ぶことであるからだという。ソフィストたちは人間の価値判断の基準以外のものは信じていない。

最も有名なソフィストは、アブデラのプロタゴラスだ。アブデラは北のトラキアにある町だ。プロタゴラスはひとつの場所から別の場所へ移動し、講義をしては大金を稼いでいる。誰かが一度彼に、神々は存在するのか、と問いかけたことがある。彼はその答えは誰にもわからないと言った。その理由はふたつ。第一に、その質問は複雑すぎる。第二に、人生は短すぎる。彼はまた、「人間こそあらゆるものの尺度である。存在するすべてのものの尺度であり、存在しないもののすべての尺度である」とも言った。私は正直なところ、存在しないものとは何かがよくわからない。プロタゴラスの同郷人である哲学者のデモクリトスにたずねてみると、実際に目にすれば、そのときにわかるだろうと告げられた。彼は私のことをからかっていたのではないかと思う。

デモクリトスは、存在するすべてのものは、目には見えない小さな粒子からできていると信じている。彼はそれを「アトム（原子）」と呼ぶ。文字どおりには、「それ以上分割できないもの」を意味する。もしそれが目に見えないのであれば、どうして存在するとわかるのだろう？　哲学的に考えるときには、冷静な判断力を失わないようにしなければならない。それは言うまでもない。

もちろん、今では、群衆を引きつけるのはソクラテスだ。あなたも彼の姿を見たことがあるだろう。彼は背が低く、太った老人で、頭が大きく、唇がゴムのように厚い。そう、実際には彼は群衆を引きつけるのではない。おもに貴族たちを相手にしている。庶民を軽蔑しているのだ。私も一度、彼と会話をしようとしたことがある。彼はいつものようにアゴラにいて、こびへつらうゴマすりたちのグループに話をしていた。「こんにちは、ソクラテス」と、私は愛想よく話しかけた。「あなたにばったりお会いできないかと思っていたところです。あなたほどお会いしたかった方はいません。私のために、『敬虔』とは何かを定義していただけないかと思いまして。私自身、ちょっとした哲学者なのだとお伝えしておきましょう。ですから、あなたは私を説き伏せる必要はありません」

ソクラテスは、私自身は「敬虔」をどう思うかとたずねる形で答えを返してきた。まるで、私がこの話題についての世界最高の専門家であるかのように。長い話を短くまとめるなら、私はいくつかの非常に理にかなった定義を提案した。そのすべてをソクラテスはあっさり否定した。最後には、私は完全に屈辱的な気分になった。これが有名なソクラテス・メソッドの実践例であるなら、くそ食らえだ。教え方としてはまったく役に立たない。ただ相手をイライラさせるだけではないか。それに、会話を終えたときの私は、会話を始めたときよりも、なんら賢くなっていない。これほど多くのアテナイ人が、ソクラテスをがまんならないと思うのももっともだ。彼は人々が言うことに関心があるように見せて、相手を混乱させることを楽しんでいるだけの鼻持ちならないやつなのだ。哲学を大衆には受け入れがたいものにして、この学問に大きな害を与えている。

私は近ごろ、自分でもアゴラに入り浸るようになり、時々は私の周りにも何人か集まって話を聞いてくれるようになった。私は彼らに、存在とは単なる幻想で、すべてのものは無であると説いている。私たちはみな持てるものすべてを持ち寄り、コミューンで暮らすべきなのだ。カルト的な指導者――それは私自身になるだろう――が自分の好む信奉者、誰とでも寝るようなコミューンだ。もしあなたが私のカルトに参加し、いくつかの非常に基本的なルールに従うなら、来世ではあなたがリーダーとなって戻ってこられるかもしれない。なかなかよい話だと思わないか？

ソシッペ――ミレトスのコールガール

最初にはっきりさせておきますが、私は絶対にポルナイ、つまり売春婦ではありません。私が売春宿にいるなんてありえない。私はヘタイラ、つまり「仲間（コンパニオン）」。確かに金額次第では多少いちゃついたりもするけれど、それが第一の目的で雇われるわけではありません。私はともに楽しい時間を過ごすため、優れた話術のため、美しい見かけのため、ウィットに富んだ受け答えのために雇われるのです。

私はミレトスで生まれ育ちました。ヘタイラで有名な町です。どんな話題であれ、知的な会話を交わすのはお手のもの。政治でも、文学でも、芸術でも、神々のことでも、何であろうと。宇宙が何からできているかについて話すこととなれば、哲学者とだって渡り合うことができるほどです。笛も吹けるし、男性を興奮させるような踊りもできる。そうやってかなりのお金を稼いでいます。

ヘタイラは、教養のある唯一のギリシア女性といえるでしょう。欠点は、家族のもとを離れて、間違いなく結婚はできないということ。でも、共同生活を送ることはできます。同じミレトス出身のアスパシアは、ペリクレスと一緒に住んでいました。彼はアスパシアを尊敬していて、民会で話す前に彼女に助言を求めていたほどでした。

多くの女性がヘタイラを見下しています。自分たちの立場が脅かされると思うからです。私に言わせれば、そんなの単なるねたみでしかない。一日中家のなかにいて、父親くらいの歳の男から、何をすべきか言われるのをずっと待つ生活なんて、誰が望むっていうの？　人生にはもっとよいことがあるはずです。本当に、間違いなく。私は自分が選んだ人生をまったく後悔していません。

私がヘタイラになったいきさつをお話ししましょう。両親は私をクテシフォンというどこかの不潔な金持ちの農夫と結婚させようとしました。彼はどこかすごく辺ぴなところに住んでいました。私はそんな結婚は願い下げでした。それで、結婚式の前の週に逃げだしたのです。クテシフォンはその1年前に妻を失っていました。ああ、「失った」というのは、おそらく寛大な表現です。彼が妻の死に関わっていたとしても、私は驚きません。彼は野獣のような男で、女性をよく殴っていました。彼にはすでに子どもが3人いて、5歳と4歳と2歳。私が彼と結婚すれば、どんな生活をすることになるかは想像できるでしょう？　泣きわめく子どもたちと一緒に家のなかに閉じこもり、一緒にいてくれるのは奴隷ひとりだけ。そんなの、まっぴらです。

私は一番近い港まで走り、同じ日のうちに船でアテナイに向かう予定の商人を見つけました。私はまだ処女でしたから、私の体を好きにしていいという条件で船に乗せてもらうことにしました。その商人は私を丁重に扱い、1ドラクマを渡してくれました。私を泥のように扱うだろう男に仕える生活から逃れるためなら、処女を失うことなんてほんの小さな代償です。

ピレウスの港に着いたとき、ほかの何人かのミレトスの女性たちと知り合うことができました。彼女たちはみな、私を喜んで助けてくれて、ヘタイラの仕事のこつを教えてくれました。

私が仕事を得る方法はこんな具合です。誰かが自宅でシュンポシオンを計画します。おそらく自分の誕生日か、何かの競争で勝ったか、妻が出産したか、あるいは定期的に開く饗宴の場合もあるでしょう。もしヘタイラに分別があるなら、自分に何を期待されているのかは前もってわかるはずです。セックスが求められるサービスの一部であることもあれば、そうでないこともあります。私はこの仕事にも慣れて、ある程度の評判を得てきましたから、最近では、愛撫までは許しますが、それ以上先には進まないように一線を引いています。

とても興味深い男性とも何人か出会ってきました。政治家、作家、彫刻家、そしてもちろん、哲学者ともよく時間を過ごします。ところで、哲学者というのは最悪です。彼らは汚い手を女性たちから離そうとしません。先月、私はアガトンの家のシュンポシオンに招かれました。アガトンは最近のディオニュシア演劇祭で賞をとった悲劇詩人です。ソクラテスも客のひとりでした。彼は完全にたがが外れていたと言わざるをえません。外套は汚れ、髪はぼさぼさでした。本当にひどい臭いがしました。それでも、彼の見かけは気にしないように努めました。私は彼がどんな話をするのかを楽しみにしていたのです。

まず、ゲストたちはシュンポシアルコスを決めました。これは会の進行役を務める人物の呼び名で、うまく物事を進めて、誰もが楽しい時を過ごせるようにするのが役割です。私は彼が参加者に、詩についての知識を競うゲームをさせて、場を盛り上げてくれることを期待しました。いつも、それで最初の緊張がほぐれるからです。

ところが、彼は愛についてのスピーチをすることを提案しました。全員が同意しました。それで、私たちヘタイラは部屋から出るように言われました。なんてくだらない習慣なのだろうと思いましたが、私たちは前金で料金を支払われていたので、まあ、痛くもかゆくもありません。

私たちヘタイラは、もうひとつのシュンポシオンに押しかけることができました。そこでは、私たちの才能がとても高く評価されました。告白すると、私は少し酔っぱらってしまい、隣でくつろいでいた男に、させるべきではないことまでさせてしまいました。私たちは明け方まで飲み続け、別れたときには高額のチップをくれましたから、正当な報酬ということにしておきます。

ソクラテスが愛について何を語ったのかを知りたくてたまりません。あのよれよれのろくでなしの老人は、いったい愛について何を知っているのでしょう？　彼は少なくとも60歳にはなっているはずです。彼はまるで、お祭り月の間でさえ色事とは無縁のように見えました。

マカレウス——盲目の物乞い

私は物乞いとして生まれたのではない。もちろん、そんな人間はいない。私は生まれながら盲目だったわけでもない。もとはアッティカの東海岸にあるトリコスというデモスに住んでいた。両親は私が7歳のときに火事で死んでしまい、おばのヘデュラが私を育ててくれた。私は海が見える傾斜地に小さな土地を相続した。そこはオリーヴ栽培に適した土地だった。奴隷を買う余裕はなかったので、すべての作業を自分でしなければならなかった。おじがこつを教えてくれたが、彼が死んで、私ひとり残された。

戦争が始まったとき、私は町へ移住し、戻ったときには畑のオリーヴの木がすべて切り倒されていた。オリーヴの木が実をつけるまでには15年ほどかかり、成熟した木になるには少なくとも40年かかる。言い換えれば、私は破産した。すべてを売るしか道がなかった。

畑を売ってもたいした金にはならず、手に入れた金はすぐに使ってしまった。町での生活には適応できなかった。あまりにも気をそらすものが多く、私のような若い男には誘惑が多すぎる。1年か2年もすると、私は売春をして生活していた。見かけはよかったので、最初はうまくいっていた。しかし、その後、病気にかかり、皮膚がひりひり痛み、さらに片目が見えなくなった。私はピレウスに移り、船員たちの相手をしてなんとか生活をしていたが、やがて収入が干上がった。商売じまいをしたことは残念ではない。かなり嫌な客もいた。ピレウスにはあらゆる種類の人間が住んでいる。ギリシア人だけでなく外国人もいる。最悪なのはエジプト人だ。連中はいったん飲みだすと、あれこれ好き勝手に命令してくる。それに、連中はしみったれでもある。

その後、私は日雇い労働者として働き始めた。オネシモスという名の壺絵師が1日1オボロスで私を雇ってくれた。奴隷がするような仕事だ。絵筆を洗ったり、窯を適温に保ったり、作業後の後片づけをしたり。しかし3か月か4か月すると、私はもう片方の目も見えなくなってきて、物につまずくようになった。ある日、オネシモスが金持ちの客からの依頼で取り掛かっていた壺を割ってしまい、彼は私をクビにした。彼を責めることはできない。私はお荷物になってしまっていた。

一言でいえば、こうして私は物乞いになった。その時点では自分の持ち物といえるのは背中にかける外套だけで、本当にその日暮らしだった。物乞いをするのも楽ではない。縄張り争いをしなければならない。やがて、私はピレウスのアゴラの入り口に小さな場所を確保した。目は見えないが、それでも力はあり、私の場所を奪おうとする多くの物乞いたちを追い払うことができた。『オデュッセイア』のなかで、オデュッセウスが物乞いのふりをして、彼の宮殿を占領していた物乞いのイルスと戦ったのを覚えているだろうか？

毎朝、私は物乞いの守護神プトケイアの小像に祈りを捧げる。自分で粘土から作った像だ。そう、プトケイアは正確には女神ではない。彼女は謙虚な霊的存在ダイモンにすぎない。しかし、彼女が私を守ってくれることには違いがない。彼女が私を見守ってくれていることはわかっている。先月、足の悪い男が私の場所に割り込もうとしたが、荷物を満載した荷車に押しつぶされた。その荷車は危ういところで私を避けて通っていった。

幸運なことに、私には世話をしてくれる女性がいる。彼女はクリオという名前だ。同じ名の歴史を司る有名な女神がいる。彼女は毎晩、私に残り物の食べ物とワインの入った水差しを持ってきてくれる。ときにはしばらく一緒に過ごし、それから1枚の毛布に入って一緒に眠る。指を不自由なく使えるのは運がいい。病気も私から指までは奪わなかった。本当に気の毒な者は指まで使えなくなるのだ。私は神に感謝している。さて、その指で何をするかといえば――それはみなさんのご想像どおりだ。

ビオン――奴隷にされたエフェソスの商人

父との最初の外国への航海で海賊に捕らわれたのは、運が悪かった。エフェソスを出航後、私たちはサモス島に係留した。そこで、アンフォラ壺１００個分のワインを仕入れた。おそらくあなたも知っているだろうが、サモス島のワインは最高級品だ。私たちはシュラクサイでそれを高値で売り、習慣どおり海岸線に沿ってエフェソスに戻る途中だった。

しかし、コルキュラ（現在のコルフ島）から出帆したあと、海賊船がぴったりと横についた。

私たちは運にまかせるしかなかった。港にはアテナイの三段櫂船が２隻ほど見えたが（アテナイはコルキュラの同盟国だ）、彼らは私たちを守りにきてはくれなかった。

　海賊は私たちの船に乗り移り、私たちを鎖でつなぎ、ギリシア西海岸のエピロスへ向かった。そこには大きな奴隷市場がある。下船するやいなや、私は父と引き離され、それ以来一度も父の姿を見ていない。父がどうなったのかは誰にもわからない。母についていえば、家で待つ母は、父と私がなかなか帰ってこないのでどんどん不安が増していっただろう。そして、最初は見込みのない希望をもち続けて、私たちが自宅の扉を開いて入ってくる日がくると願っているものの、やがてはもう再び会うことはできないのだという事実を受け入れるのだろうと思う。

　せりにかけられる奴隷は数千人もいて、性別、年齢、見かけ、教育、民族などで分けられていた。私は読み書きができ、見かけも見苦しくなかったので、それなりによい値がつきそうな、私と似通った男たちの囲いに入れられた。魅力的なトラキアの少女が１６５ドラクマ、カリア人の少年が１７４ドラクマで買われていったのを覚えている。労働者の一般的な日当は１日１ドラクマほどで、家族を養うぎりぎりの額だ。だから多くの入札者は極端に裕福だったとわかる。

　私は服を脱がされ、陰部を隠すための腰巻を手渡され、長い列に並んで順番を待つように言われた。何人かの買い手候補が私を観察し、歯を調べたり、脚をなでたりした。私の前にいた若者はエジプト人だった。エジプト人は割礼を施しているので、とくに高い値がつく。ギリシア人にとっては異質な習慣だ。

やがて、私がせりにかけられる番がきた。私は台の上に乗るように指示され、腰巻を取り除くように命じられた。腕を伸ばしてゆっくりと回る。これがどれほど屈辱的なことか。ほんの数日前には、私は自由民だった。いまや人ではなく物扱いだ。

せりはスピーディーに進んだ。最終的に、アファレオスというコリントス人が私を２４０ドラクマで買った。私はその日、彼が買った8人の奴隷のひとりだった。

コリントスまでは1か月近くかかった。私たちはスコールで足止めされ、アカルナニアで上陸しなければならなかった。ペロポネソス半島のすぐ北の西海岸にある地域だ。アカルナニアには数日とどまり、船体を修復したり帆を繕ったりした。その後、コリントス湾を通り抜け、ディオルコスと呼ばれる舗装された道沿いに地峡を横断した。私たちがようやくレカイオンの港に着いたのは、季節が進み日も短くなり始めたころだった。

アファレオスは港からそう遠くない大きな家に住んでいた。結婚していて、16歳のひとり息子がいる。ティブラコスという名の甘やかされて育った悪ガキだ。アファレオスはコリントスの将軍として立派な経歴の持ち主で、よい人だった。私を殴ることは一度もなく、酷使したりもしなかった。それなりの食事はさせてもらえ、家のなかで眠ることも許された。彼の妻もまあ、大丈夫だった。私をひとりにさせてくれた。それだけが私の望みだった。

アファレオスが私に与える仕事のほとんどは、書記に近いものだった。彼はコリントスの歴史について書いているところで、毎日何時間か私に聞き書きをさせた。ときには文章の途中で居眠りをすることもあり、私は彼が目覚めるのを座って静かに待っていた。目覚めるときには、びくっと驚いたように体が動く。それから何事もなかったかのように、話を続けるのだ。

しかし、ある午後、彼は居眠りをしたまま、いつまでも起きなかった。私は夫人を呼んだ（私は自分で彼の体に触れようとはしなかった）、すると、彼女は叫び声を上げ、すべての奴隷たちが走り込んできた。彼の死は私の心を打った。彼は、もし神々が別の方向に物事を動かしていたなら、私のほうが彼に聞き書きをさせていたかもしれず、結局すべては運次第だとよく言っていた。

彼の死後、私の生活は悪いほうへ変わった。未亡人は病気になり、寝椅子からほとんど起き上がらなくなり、ティブラコスが家の切り盛りをし始めた。彼には文学に親しむ時間などなく、私を畑で働かせた。私が彼の父のお気に入りだったことを罰するかのように、思いつくかぎり最悪の仕事を私にさせたのだ。私は屋外にある納屋に追い払われ、すべての特権を奪われた。夜には足に鎖をつないで眠らなければならなかったほどだ。

家から少し離れた畑で働いている間に、私は隙を見て逃げだそうと決めた。ティブラコスは犬に負わせたが、川のなかを進んで振り切ることができた。数日間は目立たないように身を隠し、それからレカイオンに向かった。未亡人の宝石をいくつか盗んできたので、キトンを買って、立派な自由民に見えるようにし、エフェソスに戻る船に乗り込める機会をうかがった。しかし、故郷で何が待ち構えているかは誰にもわからない。

メムノン——スパルタの重装歩兵

スパルタの兵士になること以上に名誉なことを、私は想像できない。国家はすべてだ。私は国のためなら今すぐにでも命を差し出せる。スパルタはその全歴史を通じて、一度も戦いに負けたことはない。テルモピュライの戦いは敗北ではない。勝利だった。300人の歩兵のひとりひとりが自分の持ち場を固守した。それに、われわれは総勢100万を超えるペルシア軍を相手に戦っていたことを忘れてはいけない。クセルクセスはスパイを送り込み、戦闘前にわれわれ300人が何をしているかを調べさせた。そのスパイは、兵士たちは髪をとかしていたと報告した。それは、スパルタの兵士が危険な戦闘を前にいつもやっている習慣だ。それがペルシア兵を混乱させたのは間違いない。彼らはすぐに、自分たちが相対しているのは、世界がこれまで目にしてきたなかで最強の戦闘マシンなのだと気づいた。

「通りかかる者よ、スパルタ人に伝えよ。なんじらの法に従い、われらここに討ち死にせりと」。詩人のシモニデスが300人歩兵のために書いた有名な墓誌だ。同情は求めない。優越感などまったく感じさせない。言い換えれば、簡潔そのものだ。これが、スパルタ人なのだ。

アテナイ人はいつもわれわれを愚かで無知だと言う。しかし、あんなおしゃべりたちの町に誰が住みたいと思うだろう？　誰もがつねに議論し、誰かが誰かを法廷に引きずり出している。なんという恐ろしい場所だろうか。スパルタ人はくどくどと長ったらしい演説をして過ごしたりはしない。ただ自分の仕事をするだけだ。もしアテナイ人に何を望むかとたずねてみれば、すぐに答えは返ってこないだろう。「望む」の意味をあなたに問いただし、それから長々と話をするだろう。アテナイ人がわれわれスパルタ人を嘲笑うのは、われわれがすぐに本題に入るからだ。

彼らは、スパルタ人には読み書きができる者がほんの少数しかいないことでも、われわれを嘲笑う。しかし、部屋にひとりこもって読んだり書いたりして、何が楽しいのだろう？　仲間と一緒にスパルタ人の勇敢さについての話をいくらでもできるというのに。確かにアテナイ人は私たちより余暇を楽しんでいる。しかし率直に言って、私は余暇というものが過大評価されていると思う。

現在のところ、スパルタ人とアテナイ人の敵対意識は弱まっているが、それはあくまでも一時的なもので、最終的にはわれわれが彼らを打ちのめすのは間違いない。テルモピュライでの勝利により、われわれは全世界で最も恐れられる兵士になった。驚くべきは、われわれの戦闘力が実際には小規模だということだ。合わせても数千程度の兵力にすぎない。最大の問題は、生まれてくる赤ん坊の数が十分ではないということだ。スパルタ兵士の数は減り始めてすらいる。スパルタには、もし夫が妻を妊娠させられなければ、別の誰かが妻を妊娠させるのを受け入れなければならないという法律がある。それで出生率の低下を食い止められることを期待しよう。私もその立場になれば、覚悟を決めてこの法に従うだろう。

ニョット——ヘイロタイ

最初にはっきりさせておきたい。私たちヘイロタイは奴隷ではない。征服された民だ。そこには大きな違いがある。ギリシア世界のほかのどこにも、われわれのように民族的なアイデンティティをもつ奴隷はいない。奴隷たちは自分たちの伝統、神々、歴史をもたず、家族で生活することもない。

しかし、ヘイロタイはひとつの人種だ。何世紀も前にスパルタ人に故郷を征服されたが、自分たちがかつて自由民だったことを決して忘れなかった。そしていつの日か、再び自由になる。スパルタ人がわれわれをこれほど恐れるのは、そのためだ。彼らは、われわれが力をもつことを知っている。彼らが軍事遠征に出るときには、いつも肩越しに振り返り、われわれが何かするのではないかと不安になっている。そして、われわれが彼らに対する反乱を企てないように、できるだけ急いで戻ってくる。ちょっと想像してみてほしい。いわゆる世界史上最強の戦闘マシンが、非武装のひと握りの男たちを恐れているのだ。

そう、彼らにはわれわれを恐れる十分な理由がある。われわれはラコニアに住んでいるのではない。そこはスパルタ人が占領している。われわれは西方にあるメッセニアという自分たちの土地に住んでいる。ラコニアからメッセニアまでくるには、山脈を越えなければならない。およそ2

世代前の大地震の年に、われわれの先祖は反乱を起こした。数千人が聖なるイトミ山に避難した。先祖は、もう少しでスパルタ人をひざまずかせるところまでいった。アテナイ人が反乱を鎮圧するための援助を申し出たが、スパルタ人はアテナイ人を信用しなかったので拒絶した。アテナイ人はその少し前に大きな民主化改革を実施し、スパルタの長老会は同じ変化がスパルタにも及ぶことを恐れていた。

最終的に反乱は鎮圧されたが、こうした英雄的な時代の記憶は今も生々しく残っている。われわれはその話を子どもたちに聞かせ、彼らはまたその子たちに教えるだろう。そしていつの日か、われわれは再び立ち上がり、スパルタ人を皆殺しにするのだ。

ほとんどのヘイロタイは農民だ。われわれは土地を――自分たちの土地を――スパルタ人のために耕す。彼らは不在地主のように行動する。家族を養うぎりぎりの食べ物しか得られないが、少なくとも彼らはこちらの生活に干渉はしてこない。しかし、われわれが何かするのではないかという強迫観念にかられ、毎年、われわれに対して宣戦布告する。実際にはメッセニアに軍隊を送り込んではこない。このいわゆる戦争は、スパルタの若者を重装歩兵として訓練するひとつの方法なのだ。彼らはこの戦争に従事することを「クリュプテイア」と呼ぶ。その意味は「秘密警察」に近い。若者たちは野営して、警告なしにわれわれを攻撃してくる。

彼らは2年か3年の間、ひとり、または少数のグループになって戸外で眠る生活をする。われわれから物を盗んだり、家を焼き払ったり、女性を強姦したり、子どもたちを誘拐したりする。

それはヘイロタイを獲物とする猟期のようなものだ。ヘイロタイに対する犯罪で罰を受けることはない。自分たちの行動を犯罪とはみなしていないからだ。この演習の目的は、われわれが何も「愚かな」ことをしないように、恐怖を与えることにある。

クリュプテイアによる急襲ほど恐ろしいものはない。彼らはたいてい真夜中に攻撃してくる。甲冑は身に着けておらず、武器は手製のものだ。そのため、ときには彼らを撃退できることもある。もしそうなれば、彼らはたいてい次の日の夜に再び戻ってきて、目的を果たすまでやめない。何もかも手当たり次第だ。いつ自分が攻撃にあうかわからない。私の両親は私が15歳くらいのときに、彼らの手にかかって死んだ。

両親の死から1年ほど経ったころ、私は若いスパルタ人が狩りをしているのを見かけた。連れがいないことを確かめたあと、私は重い石を拾い上げ、男の太もも目がけて投げつけた。すぐに殺すこともできただろうが、自分の両親に起こったことを思うと、彼にはゆっくりと苦しみながらの死を与えたかった。彼は赤ん坊のように泣いていた。スパルタ人が命の危険を感じているところほど、気分のいい光景はない。私は別の石を拾い、彼の脚をつぶした。これ以上這って進むことさえできないように。それから水を器にくんでくると、彼の手がぎりぎり届かないところに置いた。3日後に戻ってみると、犬とハゲワシが男を食い荒らしていた。

すべてのヘイロタイがメッセニアに住んでいるわけではない。信頼を得た少数の者は、スパルタ人家庭に家内奴隷としてあてがわれる。さらに少数のヘイロタイは戦闘訓練を受ける。都合よく見過ごされている事実を明かせば、テルモピュライで戦った300人のスパルタ兵とともに、ヘイロタイの部隊もそこにいたのだ。もし彼らがいなければ、300人は最初の日に全滅していただろう。戦闘後、スパルタのプロパガンダ機関が熱心に働いて、それが純粋なスパルタの勝利であるかのようにふれ回った。われわれの貢献は完全に忘れられた。

われわれは特別な民だ。子どもたちは祖先を誇らしく思うように育てられている。だから、われわれを奴隷と呼ぶような間違いはしないでほしい。

用語集

アクロポリス　文字どおりには「町の高い場所」。防御しやすい岩山で、崇拝される神々の神殿や聖域の多くがある。ほぼすべてのポリス（都市国家）にアクロポリスがあるが、アテナイのものが最もよく知られる。

アゴラ（公共広場）　古代ギリシアの都市の中央にある広場。市民活動、商業、司法、政治の中心。

アッティカ　都市国家アテナイの全領域。

アルカイック期　古代ギリシア史の一時期で、紀元前630頃～490年とするのが慣例。

アルコン（執政官）　文字どおりには「指導者」。古典期アテナイの9人の執政官で、最も重要な筆頭アルコン（アルコン・エポニュオス）は、「○○がアルコンの年」というように、その人物の名で年が表される。

アンドロン　文字どおりには「男性の区画」。家のなかのシュンポシオン（饗宴）が開かれる部屋。

イオニア　古代ギリシア人が、現在のトルコ西部の海岸とその沖の島々のある地域に対して使った呼び名。

エフェベ　文字どおりには「人生の最盛期にいる者」を意味し、アテナイの若者に対して使われる。アテナイの男子は18歳になると2年間の軍事訓練を受ける。

オイキア、オイコス　世帯または家族。人だけでなく建物、土地、奴隷や動物も含む。

キトン　くるぶし丈の衣服。男女ともに着る。

ギュナイコニティス　家のなかの女性たちが活動する部分。

ギュムナシオン　文字どおりには「裸の場所」。男性が運動する訓練施設で、交流の場にもなる。

ゲノス　貴族階級の氏族。

ケラメイコス　文字どおりには「陶工区」。アテナイの西側の城壁の外にある埋葬地区。

古典期　古代ギリシア史の一時期で、紀元前４９０〜３２３年。マラトンの戦いから、アレクサンドロス大王の死までの時期。

三段櫂船　両舷に上下3層の漕ぎ座があるギリシアの軍船。

ストア　列柱廊のある建物で、多くの目的に使われる。風雨や暑さ、寒さを避けることができる。

シュンポシオン（饗宴）　文字どおりには「ともに飲む」。男性とヘタイラだけが参加できる饗宴。

ソフィスト　都市を渡り歩き弁論術を教える者。

ディオニュシア祭　ディオニュソス神を敬うために開かれる祭りで、悲劇と喜劇が演じられる。

デモス（区）　アッティカを構成する約150の区。

デモス　市民団全体、つまり「民衆」を表す語。

ドラクマ　紀元前5世紀後半の1日あたりの賃金に相当する銀貨。

パイダゴゴス　主人の息子が外出するときに同行し、世話をする奴隷。

パンアテナイア祭　アテナ女神の誕生日を祝うアテナイの祭り。

パンヘレニック　文字どおりには「全ギリシアの」。ギリシア語を話すすべての人が自由に参加できる行事や制度。

ヒポクラテス　合理的医学の伝説的な創始者で、「ヒポクラテスの誓い」を考案した。

ヒマティオン　男女ともに着るウールの外套。

ファランクス（密集隊形）　重装歩兵戦の基本的な隊形。通常は8列に並ぶ。

ヘイロタイ　奴隷の身分にされ、スパルタ人のために働くメッセニアの住民を表現するために使われる語源のはっきりしない名称。

ヘタイラ　文字どおりには「女性の仲間」。酒宴などをともに楽しむために雇われる女性で、性的サービスを含む場合も、含まない場合もある。

ペプロス　少女や女性が着る、くるぶし丈のウールの衣服。

ヘルメス柱像　ヘルメス神の頭部を載せた石柱で、下の柱の部分に男性器が突き出している。土地の境界の目印として使われる。

ペロポネソス　文字どおりには「ペロプスの島」。コリントス地峡の南に広がるギリシア本土の半島部。

ホプリテス　ギリシアの重装歩兵。銅製の丸い盾「ホプロン」を装備したことからそう呼ばれる。

ポリス　慣習的に「都市国家」と訳される。中心都市と周辺の領土からなる自治的な政体を表す。

マケドニア　バルカン半島とギリシア本土の南半島部の間を占める王国。

ミアズマ　おもに流血や死によって引き起こされる汚染。

民会　「評議会」とともにギリシアの都市国家の統治における主要機関を構成する。

メッセニア　スパルタの西にある地域で、ヘイロタイが暮らしている。

メトイコイ　文字どおりには「オイコスを移った人」。在留外国人のこと。

ラコニア　スパルタ人が占領する領土。

【著者】ロバート・ガーランド（Robert Garland）

コルゲート大学古典学教授。マンチェスター大学で学士号、マクマスター大学で修士号、ユニバーシティ・カレッジ・ロンドンで博士号を取得。プリンストン高等研究所客員研究員、ブリストル大学元ベンジャミン・ミーカー特別教授を歴任。ギリシャ・ローマの歴史家として、多数の著書を出版している。『セレブとギリシャ人』『ジュリアス・シーザー』『ギリシャ悲劇からの生還』などがある。

【訳者】田口未和（たぐち・みわ）

上智大学外国語学部卒。新聞社勤務を経て翻訳業。主な訳書にライアン『古代エジプトの日常生活』、チェンバーズ『エジプト神話物語百科』、モートン『西洋交霊術の歴史』、エヴァンズ『英国の幽霊伝説』、ウルマン『アメリカはなぜ戦争に負け続けたのか』、ガイズ『小さな習慣』など。東京都在住。

HOW TO SURVIVE IN
ANCIENT GREECE
by Robert Garland

Copyright © Robert Garland, 2020
Japanese translation rights arranged with Pen and Sword Books Limited
through Japan UNI Agency, Inc., Tokyo

古代ギリシアの日常生活

生活文化から食生活、医療、仕事、軍事治安まで

●

2023年11月27日　第1刷

著者…………ロバート・ガーランド

訳者…………田口未和

装幀…………伊藤滋章

発行者…………成瀬雅人

発行所…………株式会社原書房

〒160-0022 東京都新宿区新宿 1-25-13
電話・代表 03（3354）0685
http://www.harashobo.co.jp
振替・00150-6-151594

印刷…………新灯印刷株式会社
製本…………東京美術紙工協業組合

©Office Suzuki, 2023
ISBN978-4-562-07364-1, Printed in Japan